汉语韵律语法丛书
冯胜利 端木三 王洪君 主编

汉语的最小词

洪 爽 著

北京语言大学出版社
BEIJING LANGUAGE AND CULTURE UNIVERSITY PRESS

图书在版编目（CIP）数据

汉语的最小词 / 洪爽著 .-- 北京：北京语言大学出版社，2015.12

（汉语韵律语法丛书 / 冯胜利，端木三，王洪君主编）

ISBN 978-7-5619-4362-5

Ⅰ.①汉…　Ⅱ.①洪…　Ⅲ.①汉语－词汇－研究
Ⅳ.① H13

中国版本图书馆 CIP 数据核字（2015）第 298252 号

汉语的最小词

HANYU DE ZUI XIAO CI

排版制作：北京创艺涵文化发展有限公司
责任印制：姜正周

出版发行：北京语言大学出版社
社　　址：北京市海淀区学院路 15 号，100083
网　　址：www.blcup.com
电子信箱：service@blcup.com
电　　话：编辑部　8610-82301016
国内发行　8610-82303650/3591/3648
海外发行　8610-82303365/3080/3668
北语书店　8610-82303653
网购咨询　8610-82303908
印　　刷：北京京华虎彩印刷有限公司

版　　次：2015 年 12 月第 1 版
印　　次：2015 年 12 月第 1 次印刷
开　　本：880 毫米 ×1230 毫米　1/32　　印　　张：5.125
字　　数：101 千字
定　　价：45.00 元

PRINTED IN CHINA

总序

我国学者对韵律的关注有着悠长的历史。《毛诗序》说："情发于声，声成文谓之音。"这是古人区分随意的"声"与有序的"音"的最早论述。《荀子·乐论》云："（先王）故制雅颂之声以道之，使其声足以乐而不流，使其文足以辨而不諰，使其曲直、繁省、廉肉、节奏，足以感动人之善心。"这是古人用声律来区分雅俗、节奏的千年古训。

在中国古代的节律研究史上，对韵律规则关注最细密、阐述最清楚的莫过于南朝的沈约（441—513）。[①] 他说："宫商相变，低昂舛节，若前有浮声，则后须切响，一简之内，音韵尽殊，两句之中，轻重悉异。"（《宋书·谢灵运传论》）。这里的基本精神与当代韵律创始人 Liberman（1975）的"相对轻重论"是一致的。当然，沈约也自知局限："韵与不韵，复有精粗，轮扁不能言，老夫亦不尽辨此。"（《答陆厥书》）稽古鉴今，从 Liberman"相对轻重论"发展出来的当代节律学（metrical phonology）给了我们辨

① 沈约，字休文，吴兴武康（今浙江德清）人，南朝史学家、文学家。他在给陆厥的信中说："（古人）虽知五音之异，而其中参差变动，所昧实多，故鄙意所谓'此秘未睹'者也。以此而推，则知前世文士，便未悟此处。"但他也承认："韵与不韵，复有精粗，轮扁不能言，老夫亦不尽辨此。"

识“韵之精粗”的现代工具。[①]

古代的韵律不仅涉及发音，还事关语法。最早触及这个题目的当属唐代的孔颖达。他在《毛诗正义》里疏解“视民如禽兽”时说：“《经》言‘虎’‘兕’及‘狐’，止有兽耳，言‘禽’以足句”；在疏解《召南》“羔羊之皮”的时候说：“兼言羊者，以羔亦是羊，故两言以协句”。其中的“足句”“协句”（其他尚有“圆文”等韵律分析）都为今天韵律语法的建立，提供了古代的语料和证据。

在汉语语言学史上最早发现韵律制约句法现象的当首推马建忠[②]。他在研究“易之以羊”和“以羊易之”两种句型时精辟地指出：“转词介以‘以’字置于止词之后者，盖止词概为代字，而转词又皆长于止词。”（《马氏文通》）就是说，如果动词的宾语是代词，而介词的宾语又较长的话，那么就要采用 [[V+ 代][以 +NP]] 的格式。以成分的长短定词序，正是从韵律控制句法的角度看问题。然而，值得回味的是，马氏虽然惊人地发现了韵律的作用，但却说“惟排偶声律者，等之‘自郐以下’耳”—— 将韵

① 注意：在 Liberman 之前，Chomsky, Halle, and Lukoff（1956）早已奠定“循环重音指派”（cyclic stress assignment）的操作体系（也即韵律跟语法的直接相关性。参 On accent and juncture in English. In: Morris Halle, Horace Lunt, Hugh MacLean, and Cornelis van Schooneveld (eds.), *For Roman Jakobson*. The Hague: Mouton, 1956. 65-80。而 Halle and Keyser（1967、1971）的文章更可看作生成节律学（generative metrics）的创始之作（其中的重音分布规律，采用了 Chomsky, Halle, and Lukoff（1956）的理论，认为重音跟句法直接相关。 参 Morris Halle and Samuel Jay Keyser. Chaucer and the study of prosody. *College English* 28.3 (1966): 187-219. 及 Morris Halle and Samuel Jay Keyser. *English stress: its form, its growth, and its role in verse*. New York: Harper and Row Publishers, Inc., 1971.

② 事实上，乾嘉学者如王念孙等均有很好的发明。但“韵律训诂”方面的研究才刚刚开始。

律的因素排斥在句法之外。他一方面卓有发明，另一方面又自毁长城，为什么呢？究其根本，是没有理论的缘故。[①]于是杨树达批评他说“但据类例之多少为言，绝无何等理论为根据也。”(《马氏文通刊误》）我们吃没有理论的亏太多了！殊不知，我们吃不能（不善？不屑？）创造理论的亏，更大、更多！没有理论，很难准确地把握现象，到手的东西也终将复失，更不消说本质与规律。马氏韵律语法的失败在理论。事实上，马氏不仅没有韵律理论，他的句法理论也不独立 (《马氏文通》大抵以拉丁语法为底本)。当然，在我们看到理论之必要（necessary condition) 的同时，也不能忘记它并非充分条件（sufficient condition)。原因很简单，即使有了理论也不能保证对现象的揭示准确无误。乔姆斯基的管约句法论（government-binding theory）可谓理论，但根据这个体系，Zwicky and Pullum（1986）得出的却是一个错误的结论：句法无语音原则（Principle of Phonology-Free Syntax）[②]。他们说：“句法无语音原则是为跨语言而设定的语法；该语法禁止句法规则或句法限定参考音系的信息。”（The Principle of Phonology-Free Syntax (PPFS) is a proposed universal principle of grammar that prohibits reference to phonological information in syntactic rules or constraints.)[③]

---

① 什么是理论？我们认为：其本质属性主要有两点：一是要把假设和规则说明确（explicit)，一是要有可验证的预测（make verifiable predictions)。参 Karl R. Popper *The logic of scientific discovery*. New York: Basic Books, 1959.

② Arnold. M. Zwicky and Geoffrey. K. Pullum. The principle of phonology-free syntax: introductory remarks. *Working papers in linguistics* 32: Columbus, OH: The Ohio State University, 1986. 63-91.

③ 引自 Philip H. Miller, Geoffrey K. Pullum and Arnold M. Zwicky. The principle of phonology-free syntax: four apparent counterexamples in French. *Journal of Linguistics* 33 (1997): 67-90.

在形式句法理论界，这一“句法无语音”的错误信念直到最简方案出来后才逐渐改变。2008 年 11 月 7 ～ 9 日在康奈尔大学召开的第39届NELS会议的广告上，我们第一次听到这样的声音：

“The design of the grammar is standardly assumed to be complex, involving components such as phonetics, phonology, syntax and semantics. The initial view that components of the grammar are autonomous has proven to be overly strong, and more and more cases of interfaces among components have been documented. This in turn opens questions about the extent and nature of such interfaces: is there a line between interacting components and components without borders?”

基于这种新的认识，会议邀请学者投交有关“explore empirical as well as theoretical aspects of the interfaces among two or more components of the grammar, and formal tools that capture such interfaces”的论文。时隔不久，Richards 在 *Uttering Trees* 一书（2010）中便提出“疑问词移位”（wh-movement）是由韵律导致的的看法：疑问词移位（wh-movement）的句法运作发生在韵律刚好需要的情况下（The syntactic operation of *wh*-movement takes place just in case the prosody requires it）。在 20 世纪 70 ～ 80 年代的形式句法里，这是不可想象的。

国际韵律语法研究风起云涌，我国韵律语法研究的情况则很不同。我们一向没有宏大系统的语言学理论，自然也没有 Zwicky 那样极端、绝对的理论错误。从上面看到，韵律对语法的作用我国古代先贤早有揭晓，进入当代，相关研究层出不穷。最明显、最有影响的是郭绍虞的“弹性词说”（1938）[①] 和吕叔湘的 2+1、

---

① 《中国语词之弹性作用》，载于《燕京学报》1938 年第 24 期。

1+2的“趋势说”(1963)[①]。当然，赵元任的“电离化(ionization)/离合词”理论，更堪称早期韵律语法最精辟的分析：

可是既然咱们可以说“上了一堂课”，何以不能说“体了一堂操”？要是照字面意义来说，“操了一堂体”应该更合逻辑，可是却没人这么说。这又是语音的因素比逻辑的因素更重要的关系。但是动–宾式结构的抑扬型韵律就足以强迫“体”作动词，“操”作宾语，不管逻辑不逻辑。因此“体了一堂操”就成了学生的经常用语了。

——《中国话的文法》[②]

这里“抑扬型韵律足以强迫‘体’作动词，‘操’作宾语，不管逻辑不逻辑”一语，为我们开辟了一个新的研究领域。顺此而推，汉语韵律的另一重要属性就是近年来发现的“韵律的形态功能”(参本系列丛书中王丽娟《汉语的韵律形态》)。这方面的研究，我们甚至可以溯源到陆宗达、俞敏(1954)对“开开 kāi kai (动词：这水得开开再喝)”和“开开 kāikāir(形容词：这水开开儿的，正好沏茶啊)”等北京话词语的重音分析。[③]

汉语韵律语法研究的另一大宗是它在文学上的作用。我国(和邻邦)的学者在这方面的研究有着长久的历史和丰富的学说。南朝沈约的“浮声、切响”(《宋书·谢灵运传论》)、刘勰(465—520)的“往蹇来连”(《文心雕龙·声律》)、唐代日本和尚遍照金刚的“诗行两半(半逗律)”(《文镜秘府论》)、清代桐城派学者刘大櫆的“音节神气”(《论文偶记》)，以至于当代启功先生的

---

① 《现代汉语单双音节问题初探》，载于《中国语文》1963年第1期。

② 刘梦溪主编《中国现代学术经典》“赵元任卷”中的《中国话的文法》。河北教育出版社，1996年。

③ 注意：“这水得开开再喝”的重音在第一个“开”上，“这水开开儿的，正好沏茶啊”的重音在“开儿”上。见陆宗达、俞敏(1954)《现代汉语语法·上》，群众书店。)

"诗节韵律"(《诗文声律论稿》)，等等，都是我国古今节律学研究的宝贵财富，亟待总结和开发。

如果说郭绍虞的"弹性"、吕叔湘的"趋势"和赵元任的"电离化（ionization）"均以20世纪70年代以前的传统韵律理论为基础而进行研究的话，那么我国当代韵律语法的研究则是继Chomsky、Halle、Keyser以及Liberman等当代学者70年代前后提出的"相对轻重说（relative prominence）"[①]为基础、伴随80年代改革开放带来的西方当代语言学理论的引入而开始的。我们知道：汉语韵律—语法的研究以"句法影响/制约韵律"为起点。譬如C. C. Cheng（1973）[②]提出的以句法分枝为上声变调域的观点；Chilin Shih（1986）[③]和Matthew Chen（2000）[④]进行的以句法为基础的音步研究（foot formation based on syntax）；Matthew Chen和他的学生提出的以句法XP为界确定的连音变调域（如Matthew Chen, 1987）[⑤]；Selkirk（1986）[⑥]受到Matthew Chen影响后提出的"界定参数"（edge-setting parameters）和"韵律范畴域"（domains of prosodic categories）；Selkirk and Shen（1990）[⑦]观察到的上海

---

① M. Libermann and A. Prince. On stress and linguistic rhythm. *Linguistic Inquiry* 8 (1977): 249-336.

② A synchronic phonology of Mandarin Chinese. *Monographs on linguistic analysis,* No. 4. The Hague: Mouton.

③ *The prosodic domain of tone sandhi in Chinese*. PhD dissertation, University of California, San Diego.

④ Tone sandhi: patterns across Chinese dialects. *Cambridge Studies in Linguistics*, No. 92. Cambridge, UK: Cambridge University Press.

⑤ The syntax of Xiamen tone sandhi. *Phonology yearbook* 4: 109-149.

⑥ On derived domains in sentence phonology. *Phonology yearbook* 3: 371-405.

⑦ Prosodic domains in Shanghai Chinese. In: Sharon Inkelas and Draga Zec (eds.), *The phonology-syntax connection*, Stanford and Chicago: CSLI Publications and University of Chicago Press, 1990: 313-337.

方言里“句法—韵律错配现象”（phonology-syntax mismatches）；还有 Duanmu（1995、1999）① 提出的上海话连音变调域的重音循环指派法（tone sandhi domains are based on cyclic stress assignment），等等，都是从“句法影响韵律”的角度进行的研究。与此同时，Matthew Chen（1979）还进行了“句法—韵律相互影响”的研究②。他在汉语律诗的探讨中提出句法分枝和韵律分枝必须彼此对应的规律。当然，令人更为关注的是突破 Zwicky“韵律无句法原则”的新理论：“韵律对句法的影响和制约”。这方面我们首先看到的是 Inkelas and Zec（1990）③ 有关韵律制约句法的研究，其次是 Feng（1991、1995）④ 有关汉语的韵律结构和韵律制约的句法研究。继此则有 Zubizarreta（1998）的 P-movement⑤ 以及董秀芳（1998）⑥“韵律制约的动补结构”等一系列的韵律制约句法的研究。

在新兴韵律理论（metrical phonology）的影响下，汉语韵律语法的研究发生了质的变化。早在八十年代初期，语言学论坛上就涌现出一批年轻的韵律语法研究者，如陆丙甫、吴为善、张国宪、端木三、冯胜利等。1990 年，端木三与陆丙甫合著的“辅重

① S. Duanmu. Metrical and tonal phonology of compounds in two Chinese dialects. *Language* 71.2 (1995): 225-259. & S. Duanmu. Metrical structure and tone: evidence from Mandarin and Shanghai. *Journal of East Asian Linguistics* 8.1 (1999): 1-38.

② Metrical structure: evidence from Chinese poetry. *Linguistic Inquiry* 10.3 (1979): 371-420.

③ Sharon Inkelas and Draga Zec (eds.), *The phonology-syntax connection*. Stanford and Chicago: CSLI Publications and University of Chicago Press, 1990: 365-378.

④ Prosodic structure and word order change in Chinese. *The Penn review of linguistics*, Vol. 14, 1991. & *Prosodic structure and prosodically constrained syntax in Chinese*, PhD dissertation, UPENN, 1995.

⑤ *Prosody, focus, and word order*. Cambridge, MA: The MIT Press, 1998.

⑥《动补带宾句式中的韵律制约》，载于《语言研究》1998 年第 1 期。

论”打响当代韵律语法研究的第一枪。①1997年冯胜利到四川大学讲授韵律构词学（词汇化）和韵律句法学（核心重音）②，不久就有了董秀芳的《述补带宾句式中的韵律制约》(《语言研究》1998年第1期)。③此后，韵律语法方面的研究论文便如雨后春笋般涌现。经过近20年来的蓬勃发展，韵律语法研究在中国已蔚为大观。最为突出的就是杨树达批评马建忠没有理论的情况已大为改观：当代汉语韵律语法有了自己的理论。最初是端木的“辅重论”(1990、2000）和冯胜利的“核心重音说”(1991、1995)，后来则有《汉语非线性音系学》(王洪君，1999、2008)、《汉语韵律句法学》(冯胜利，2000)、*Chinese Phonology*（Duanmu，2000）以及*Prosodic Morphology*（Feng，1997）④等不同学说和理论的纷纷出炉。在中国，这些都是前所未有的新理论，因此也不容易一下子为人所理解。老实说，韵律语法的起步是相当艰难的，不仅当时的研究生，就是一般的学者对其中的“形式句法理论”“形式音系理论”也不太熟悉。为培养兴趣和奠定基础，韵律语法理论的引进和普及，最初采取的是“近取诸身”的做法。⑤譬如把“核心重音”说成“不能头重脚轻”“切忌尾大不掉”(而不是

① 2002年发表于*Journal of the Chinese Language Teachers Association* 37.2: 123-136，名为“Rhythm and syntax in Chinese: A case study.”

② 讲稿后来修改为《汉语的韵律、词法与句法》出版，北京大学出版社，1997/2005/2009。

③ 她后来从功能角度研究“词汇化”，成绩显著，但是给韵律导致的双音化的研究留出了很大空间，有待开发。

④ Prosodic structure and compound word in classical Chinese. In: Jerry Packard (ed.), *New approaches to Chinese word formation: morphology, phonology and the lexicon in modern and ancient Chinese*. Berlin: Mouton de Gruyter. 197-260.

⑤ 王国维和陈寅恪在讨论中国历史上引进西方新思想的实例时认为“西洋之思想不能骤输入我中国”(《论学术界》)，并提倡“取珠而还椟”的方法（《吴宓与陈寅恪》)。其意至深，足资为鉴。

"管约(Government and Binding)为基础的核心重音的指派")。即使涉及管约的定义,也为便于理解而从简解说(informally speaking),把"公式化的形式限定"说成大家能理解的"动词后不能有两个(可携带重音)的成分",诸如此类,不胜枚举。结果呢?虽便于初学和理解,也带来了始料未及的误解和分歧。有人不理解其中的运作,说:"汉语的名词可以做谓语,可见动词指派重音的理论有问题";有人怀疑说:"句子的焦点重音是任意的,如何影响句法?"有人歧解道:"汉语的句子可以不用动词,可见动词指派重音的操作是错的。"有人质疑道:"1+2的'铁公鸡'可以说,凭什么说1+2不合法?"还有人直接反对说:"汉语没有重音,也没有音步,因此用重音、音步建立起来的韵律理论靠不住!"疑惑之极,竟有人质问:"韵律的作用到底有多大?"显然,有些问题已经超出学科的范围,因为我们一般不问"化学的作用有多大"。当然,我们都知道:如果"汉语没有音步"的话,怎么可能"55/55/555""柴米/油盐/酱醋茶"的节律停顿都一样?假如"汉语没有重音(或凸显)"的话,那么人类语言节律中的"相对凸显律"将由何表现?我们更知道,新领域开辟、新学科建立之初,出现不同的意见和争议是很正常的。太炎先生曾慨叹孙诒让的学术所以未宏于世的原因,是没人反对的结果[①];而对生成语法的质疑之声至今不绝于耳,却反促其发展,则更是范例。即如1+2的"铁公鸡",虽非反例,但它给韵律语法提出了挑战。挑战促使了更深的规律、更多解释被发掘与发现。1+2[名词+名词]为韵律理论所不容,然而就在解决这些反例的过程中

① "自孙诒让以后,经典大衰。像他这样大有成就的古文学家,因为没有卓异的今文学家和他对抗,竟因此经典一落千丈。这是可叹的。我们更可知学术的进步是靠着争辩,双方反对愈激烈,收效方愈增大。"《国学概论》,中华书局,2003年,第33页。

我们发现了两条新的规律：一是“材料”（铁公鸡、木地板、棉手套；？钢铁公鸡、木头地板、？棉花手套）可用 1+2；二是“所有格”（班主任、校领导；班级主任、学校领导）可用 1+2。为什么呢？原因很可能是“材料、所有格”实际上是形容词性而不是名词性成分的缘故（参 Feng，2001；Duanmu，2012）。[①] 这类现象，前人不但没有解释，而且很难会想到。因此，本着真理出于争辩的理念以及促进新兴学科发展的愿望和责任，我们编写了这套丛书。可以说，这套丛书是这个学科不断发展和成熟的标志，是东西方学术研究交汇和碰撞的结果，当然也是这个学科有待整合、总结以便深入发展的当前需要。

这套“汉语韵律语法丛书”的作者都是韵律语法领域中的前沿工作者。他们有的是该学科的资深学者，有的是该领域里的年轻新秀，但他们有一个共同点，就是对此新兴学科的热爱与执着，他们都在这一领域富有自己的心得、体会和贡献。

这套丛书第一批出版的专著共九册。《音步和重音》，作者端木三。该书用大量汉语和英语语料，深入浅出地讨论了节奏的基础——音步和重音，以及它们在诗歌和普通语言里的作用。作者总结了前人的成果及不足，提出一个新的理论观点：所有的节奏模式都可以用一个统一的音步来解释。该书还附有术语表，便于读者查找常用的基本概念。

《汉语的韵律形态》，作者王丽娟。该书介绍了什么是语言的形态、汉语有没有形态、汉语有什么形态以及韵律如何在汉语中发挥形态作用能等一系列的前沿问题。作者通过分析汉语“韵律和形态”互动的现象提出：和音段层面的元音、辅音一样，超

---

① The multidimensional properties of wordhood in Chinese. *Contemporary Linguistics* 3 (2001): 161-174 & Word-length preferences in Chinese: a corpus study. *Journal of East Asian Linguistics* 21.1 (2012): 89-114.

音段层面的音高、音强和音长等韵律成分，也是重要的形态手段。汉语正是这样一种富于韵律形态的语言。与此同时，跨语言的现象表明，韵律形态不是汉语独有的特征，而是人类语言的共性。作者呼吁：全面展开以汉语为基础的跨语言的“韵律形态研究”。

《汉语的韵律词》，作者裴雨来。该书介绍汉语韵律词研究的理论基础，包含韵律结构、韵律层级以及韵律词作为模板的韵律构词的理论。与此同时，作者详细说明了汉语的韵律构词操作，提出“汉语韵律词模板规则”，并根据这一规则分析了普通话多种复合词现象，比如“[$_{\text{词}}$凳子]/[$_{\text{词}}$板凳]/[$_{\text{词}}$*板凳子]”、“[$_{\text{词}}$耕地]/[$_{\text{词}}$*耕种地]”等对立现象，“牙+齿（=牙）”等冗余现象，“煤炭店、纸老虎、开玩笑”等不同类型 1+2、2+1 格式，“纸张粉碎机”等含动复合词，“北京大学→北大”等缩略词，以及“孔→窟窿”“夏→有夏”等双音化现象。最后作者着重说明了“韵律词与词感的关系”以及“韵律词法与韵律句法间的交互作用”等问题。

《汉语的最小词》，作者洪爽。该书全面介绍了汉语最小词的相关知识。认为最小词是由一个双音节的标准音步实现而成的韵律词，是韵律系统中“规则推演”的结果，是一类特殊的韵律词——最和谐的韵律词。谈最小词不能离开具体的词法、句法等语言环境，否则无所谓最小词。就是说，最小词是“动态”的，这是它与标准韵律词的最大差异之所在。最小词可以分别从节律和句法两方面来进行分类。作者认为最小词的确立对语言研究有着十分重要的意义和作用：可以为词和短语的区分提供新的视角和思路，也可以深入理解允准和促发句法移位的动机及运作，更可以多维度地解释汉语合成词复合的动机和构造的过程。正因如此，最小词的研究值得引起充分的重视。

《汉语嵌偶单音词》，作者黄梅。该书首先提出了两个问题：（一）为什么“校、国、避、佳”等单音“词”不是黏着语素或半自由语素而是“嵌偶（单音）词”？（二）是什么原因导致嵌偶单音词的句法分布受到限制？作者从这些词在使用中不得不“双”的韵律特点出发，说明它们出现的韵律与句法的条件，并提出判定它们的标准是看其能否独立做句法成分，因此凡能独立做句法成分的单音节单位，尽管韵律受限，也是词。除此而外，嵌偶词只用于庄典语体，具有很强的语体语法性。因此，它们在其他语体中很难或根本不能出现。最后作者强调指出：“不得不双”的嵌偶性是现代庄典体语法的重要属性。

《汉语合偶双音词》，作者王永娜。合偶双音词是一种自身为双音节且要求特定组合对象也必须至少为双音节的，句法自由，但合偶要求有一定方向性的书面正式体的语体词，简称“合偶词”。该书从《汉语水平词汇与汉字等级大纲》中收集到一千多个合偶词，在此基础上，介绍合偶词的鉴别标准，考察合偶词在四大词类（动、形、副、名）中的分布和存在情况，介绍了四类合偶词内部在组合方式上的差异，对应的语体功能及其差异，阐明了合偶词的语法本质是以“双”配“双”的韵律形式和组合方式来完成正式语体的交际目的。作者认为，合偶词普遍具有“抽象＋抽象”的语义特征，这是汉语构建正式语体的一种语法形式。

《汉语的句法词》，作者庄会彬。该书从汉语“词”“语”纠缠的问题出发，认为“句法词”的概念界定和阐释可以帮助解决这一学界长期以来的困惑。作者进而深入探讨了句法词研究的现状、句法词的派生、句法词与词汇词以及“的”字短语的联系和区别。以“白菜”“白布”“白的布”为例，三者之间“词”“语”界限该在何处划分，一直都是老大难问题，然而，引入句法词之后就变得较为清楚的原因所在。"白的布"是短语,"白菜"为词汇词(固化词),"白布"则为句法词:三者差异由是泾渭分明,"词""语"界限也因此可定。

《汉语的四字格》,作者朱赛萍。该书讨论:汉语的四字格为什么是人们言语生活实践中喜闻乐见的一种独特的表达形式?五花八门的四字格到底是怎样产生的?为什么四字格在汉语中如此普遍而备受青睐?作者通过介绍四字格的韵律、句法与语体等多方面的特征,全方位探索了汉语四字格的韵律特征以及生成方式。作者指出,汉语的韵律系统和机制,是揭开汉语四字格前世今生之谜的钥匙。

《汉语韵律语法问答》,作者冯胜利。该书从理论、实践以及作者自身的经验和体会出发,深入浅出地解答了学生和学界对于20年来韵律语法研究的疑问、质疑和批评,诸如"汉语有没有音步""什么是韵律层级""什么是相对凸显/轻重""韵律的作用到底有多大",等等。该书的问答既针对初学者的日常问题,又关系到研究者的专业问题及该学科的历史和发展,同时也涉及韵律语法操作的原理和方法,如"韵律形态""层级跨界""韵律删除与韵律激活""焦点重音与核心词移位""句法词与最小词"等前沿问题。该书的讨论对厘清初学者和一般研究者在韵律构词和韵律句法中常常遇到的问题有帮助,对该学科的历史研究和未来的发展有总结和推动的作用。

不难看出,这套丛书的确反映了当前韵律语法发展的方方面面。美国学者 Simpson 在 2014 年出版的《汉语语言学手册》(*The Handbook of Chinese Linguistics*)里面说:

将来的韵律与语法的相互作用的研究,无论是跨方言的共时研究,还是历时的研究(这是具有可能性的),都是未来汉语语言学研究中的一个丰富而内容充实的领域,是一个汉语可以为

“有关人类语言的普通语言学理论”做出重要贡献的领域。①

这是对我们以往韵律语法研究的总结，更是我们将来努力的方向。是为序。

冯胜利（执笔）

2015 年 6 月

① Andrew Simpson. Prosody and syntax. In: C.-T. James, Huang Y.-H. Audrey Li and Andrew Simpson (eds.) *The Handbook of Chinese Linguistics*. Oxford: Blackwell, 2014. 465-491.

目录

1

第一章

最小词的概念

人们每天都会使用语言进行交流，无论是说话、写文章还是思考问题，都离不开语言的运用。那么，大家在日常生活中有没有留意过下面这样的语言现象？

学过英语的人对“Oh, God!”“Hey, man!”这样的表达一定不会感到陌生，尤其是在一些美国电影、电视剧中非常常见。如果把这两句话翻译成汉语，应该怎样翻译呢？“Oh, God!”直接的翻译可能会是“噢，上帝！”也可以翻译为“噢，老天！”或者翻译成“噢，天啊！”但一定不会翻译为“* 噢，天！”① 这是为什么呢？“Hey, man!”也有类似的情况，这句话翻译成汉语一定不能是“* 嗨，人！”比较合适的翻译是“嗨，哥们儿！”或者“嗨，伙计！”通过“Oh, God!”和“Hey, man!”的英译汉的表现，我们可以观察到英语和汉语的不同。我们知道，“God”和“man”是单音节词，“天”和“人”也是单音节词，同样是单音节词，在不同语言中的表现不同：英语中可以独立使用，而汉语相对应的形式则需要至少是一个双音节的形式。例如，不能说“* 噢，天！”添加一个语气词“啊”，说成“噢，天啊！”就没有问题了。

当然，有人可能马上就会发问：汉语没有单音节词独立使用的情况吗？当然不是这样。例如，远处跑来一条狗，小孩子指

① 星号“*”表示整个结构是不合法的，全书都会用这样的方式来标示不合法的结构。

着狗喊:“狗！”再如，你问刚买了东西回来的室友:“你买了什么？”如果他买了书，那么他完全可以用一个词来回答:“书！”又如，你问朋友:“我们去看电影好不好？”如果对方同意，那么也完全可以用一个词来回答:“好！”诸如此类的情况很常见。既然汉语允许单音节词独立成句，那么为什么不能说“*噢，天！”和“*嗨，人！”呢？这是否说明汉语在某些时候要求必须使用双音节形式来进行表达呢？那么，“某些时候”具体是什么时候呢？

我们再来看一些例子。例如，在语料库中可以找到如（1）所示的例句:“到（在）某处任教师”和“到（在）某处任教”都能说；但却只能说“任教（于）某处”，不能说“*任教师（于）某处”。也就是说，出现在处所后面的时候，双音节的“任教”和三音节的“任教师”都是可以使用的；出现在处所前面的时候，就只能使用双音节形式的“任教”而不能使用三音节形式的“任教师”。

（1）a. 1949年，侯玉山应邀赴京到北京人民艺术剧院任教师。

（《人民日报》1996年11月）

b. 思成的老友、学社的骨干刘敦桢为了全家的生计，决定离开学社到中央大学建筑系任教。

（张清平《林徽因传》）

c. 黄晦闻虽加入南社，但除有一段时间在广州工作外，长期任教北京大学，只偶尔经过上海。

（1994年报刊精选）

d. 1903 年章太炎重返上海，任教于蔡元培创办的爱国学社。

（《策马入林：林思云、马悲鸣对话中国近代史》）

再如，在语料库中还可以找到如（2）所示的例句：既可以说“把酒喝干净”，也可以说“把酒喝干”，但却只能说“喝干杯中酒”，而不能说“* 喝干净杯中酒”。也就是说，只有双音节形式“喝干”才能在后面携带宾语，而三音节形式“喝干净”则不可以。

（2）a. 吃午饭的时候，他把四两酒喝干净。

（老舍《四世同堂》）

b. 我和二喜都是一口把酒喝干。（余华《活着》）

c. 陆小凤一口喝干杯中酒，看着西门吹雪。

（古龙《陆小凤传奇》）

又如，在语法分析中，我们常常把“看书”“写字”“吃饭”“喝汤”等认定为短语，但是对于没有接受过语言学训练的说汉语的人来讲，常常会把这些结构看作是词；而像“看报纸”“写文章”“吃苹果”“喝啤酒”等，在语法分析中当然会被认定为短语，即使是没有接受过语言学训练的说汉语的人也会认为它们是短语。为什么只有双音节形式会带给人们“词感”呢？

以上所举的例子都涉及本书的核心内容“汉语的最小词”。那么，什么是最小词？

第一节　什么是最小词

前面我们提到了英语“Oh, God!”和“Hey, man!”中的“God”“man”虽然都是单音节的形式，但是翻译成汉语的时候却不能使用单音节的形式，如“天”“人”在这里都是不能单说的，必须采取双音节的形式，如“老天”或“天啊”，“伙计”或“哥们儿”等。这样的例子其实还有很多，比如，英语表示再见的时候会有几种说法，如“Goodbye”“Bye-bye”，或者只是一个简单的“Bye”。汉语可以说“再见”，在口语中，“拜拜”也很常见。“拜拜”来源于对英语“Bye-bye”的谐音翻译，但是表示再见的时候，我们却见不到与英语“Bye”相对应的谐音翻译“拜”。也就是说，此时汉语还是要求使用双音节的形式，如“再见”或者“拜拜”。

英语的“Oh, God!”翻译成汉语时不宜说成“*噢，天！”不是因为“God”必须翻译为“上帝”，不是语义的原因，而是单音节的“天”不好，是韵律上的问题。添加一个语气词“啊”，就没有问题了。此处的“天”与“天啊”在语义上没有什么差别，在韵律的表现上却有所不同：一个是单音节形式，一个是双音节形式。类似的现象还有很多。比如下面的例子，比较（3a）和（3b），（3a）的意思是跟妈妈说手机丢了这件事，其中的“妈”表示称呼；（3b）的意思是突然发现手机丢了而发出惊呼，其中的“妈呀”表示惊讶的语气。（3a）与（3b）在语义上有明显的差异，而在表现形式上只有“呀”这“一字之差”，可见，此处，“妈”与“妈呀”是不同的，表示惊讶语气的时候，必须要用双音节的

“妈呀”而不能用单音节的“妈”。

（3）a. 妈，我手机丢了！

b. 妈呀，我手机丢了！

另外，从下面的例子我们也可以看出，在某些情况下，汉语要求双音节的表达形式而非单音节形式。（4a）是合法的结构，单音节的动词“放”可以携带处所宾语“桌子上”。但是，当有时体标记“了”出现的时候，单音节动词就不合适了。例如，（4b）是不合法的结构，此时，单音节动词必须扩展为双音节形式才可以，如（4c）所示，“放在了桌子上”就没有问题了，是一个合法的结构。同样，（5a）是一个合法的结构，单音节动词“扔”可以携带处所宾语“垃圾桶里”，但是有“了”出现的时候，单音节动词便不再合法，必须扩展为双音节形式才可以，如（5b）是不合法的结构，因为其中的动词“扔”是单音节的，而（5c）则是合法的结构，因为其中的动词性成分“扔到”是一个双音节形式。（4）和（5）中的例句表明，当动词与由方位短语充当的处所宾语之间有时体标记出现的时候，动词必须是双音节的形式而不能是单音节的形式。

（4）a. 放桌子上

b. * 放了桌子上

c. 放在了桌子上

（5）a. 扔垃圾桶里

b. * 扔了垃圾桶里

c. 扔到了垃圾桶里

上述例子表明，有些时候，汉语的表达要求使用双音节的形式，而不能使用单音节的形式。也就是说，不能再比双音节形式更小了。例如上面提到的，在特定的表达中单音节形式的“天”“人”“拜”“妈”“放”“扔”等都是不合法的，而相应的双音节形式“天啊”“哥们儿”“拜拜”“妈呀”“放在”“扔到”等就都没有问题了。

另外，“在北师大任教”和“在北师大任教师”都是可以说的，但是如果“北师大”放在后面的话，就只能说“任教北师大”而不能说“* 任教师北师大”。也就是说，此时只有双音节的“任教”可以携带宾语“北师大”，而三音节的“任教师”则不可以再携带宾语。（6）中的例子也是如此，“在世界杯上夺冠”和“在世界杯上夺冠军”都是合法的结构，但是当“世界杯”出现在后面的时候，就只能说“夺冠世界杯”而不能说“* 夺冠军世界杯”。也就是说，双音节的“夺冠”可以携带宾语“世界杯”，而三音节的“夺冠军”则不可以再携带宾语。

（6）a. 在世界杯上夺冠
　　b. 在世界杯上夺冠军
　　c. 夺冠世界杯
　　d. * 夺冠军世界杯

我们前面提到的“喝干”和“喝干净”也存在双音节和三音节（甚至更多音节）的对立问题。“把杯中酒喝干”和“把杯中酒喝干净”都是可以说的，但是只有双音节的“喝干”可以携带宾语“杯中酒”，即“喝干杯中酒”是一个合法的结构，而三音节的“喝干净”则不可以再携带宾语，即“* 喝干净杯中酒”是一个不合法的结构。[①] 也就是说，此时只有双音节的形式可以携带宾语。(7) 中的例子也是如此，可以说“把床单铺平”，也可以说“把床单铺平整”，但是当“床单”位于后面做宾语的时候，就只能说“铺平床单”而不能说“* 铺平整床单”。也就是说，双音节的“铺平”可以再携带宾语，而三音节的“铺平整”则不可以再携带宾语。

(7) a. 把床单铺平

b. 把床单铺平整

c. 铺平床单

d. * 铺平整床单

再如 (8) 中的例子，(8a) 和 (8b) 都是合法的结构，但是当受“很”修饰的时候，就只有“能产”是合法的，此时“能产”作为一个整体受“很”的修饰，而且失去了携带宾语的能力，如 (8c) 和 (8d) 所示。

(8) a. 这条生产线每分钟能产 300 包牛奶。

b. 这条生产线每分钟能生产 300 包牛奶。

c. 这条生产线很能产。

d. * 这条生产线很能生产。

(6)、(7)、(8) 中的例子涉及双音节与三音节（甚至更多音节）组合的对立。无论是“任教”“夺冠”，还是“喝干”“铺平”，

① 注意：“擦干净黑板”可以说，但“*喝干净杯子里面的酒”不能说，这与“干净”引申为“干”的用法有关。

或者“能产”，都是双音节的形式，与三音节的“任教师”“夺冠军”“喝干净”“铺平整”“能生产”的对立是非常明显的：“任教”与“任教师”、“夺冠”与“夺冠军”、“喝干”与“喝干净”、“铺平”与“铺平整”的对立在于能否再携带宾语，双音节的形式可以，而三音节的形式则不可以；“能产”与“能生产”的对立在于能否受“很”的修饰，双音节的形式可以，而三音节的形式则不可以。这些语言现象表明，有些时候，汉语的表达要求使用双音节的形式，而不能使用三音节（或更多音节）的形式。也就是说，不能再比双音节形式更大了。

从以上所列举的语言现象可以看出，汉语的表达有时必须使用双音节的形式，不能比双音节的形式更小，如（3）、（4）、（5）等例所示；也不能比双音节的形式更大，如（6）、（7）、（8）等例所示。我们就把这种双音节形式称作“最小词”（Minimal Word，简称 MinWd）。

第二节　最小词的概念从何而来

“最小词”是由两个音节组成音步来实现的，不能少于两个音节，也不能多于两个音节，因此“最小词”同时也是“最大词”，总之，是“最和谐”的韵律词。看到这里，可能有人会问：为什么两个音节组成的音步是“最小”“最和谐”的？

首先来看“最小”。什么是“最小”？怎样确定“最小”？我们知道，词汇学将语素定义为“最小的音义结合体”，将词定义为“最小的能够独立运用的音义结合体”。语素和词的概念中都涉及“最小”，那么，这个“最小”又是多“小”？“天”“地”“山”“人”“口”“手”这些单音节的基本词汇“小”不“小”？“仿佛”“琵琶”“芙蓉”“蝈蝈”“叮咚”“古巴”“埃及”这些由一个语素构成的单纯词“小”不“小”？“巴拿马”“新加坡”“西班牙”属于音译词，也是由一个语素构成的单纯词，它们“小”不“小”？同样是音译词，同样是由一个语素构成的单纯词，“圣地亚哥”“巴伐利亚”“乌兰巴托”“小”不“小”？“斯德哥尔摩”“里约热内卢”“加利福尼亚”“小”不“小”？“捷克斯洛伐克”“吉尔吉斯斯坦”“乌兹别克斯坦”“小”不“小”？“布宜诺斯艾利斯”“符拉迪沃斯托克”“小”不“小”？……这些词都是由一个语素构成的，所以无论从“语素”的角度，还是“词”的角度来看，无疑都是“最小”的。然而，这个“最小”在形式上未免不太好把握，也不太好严格判断。例如，“吃饭”“唱歌”“喝水”等是不是“最小”的？在传统语法学中，“吃饭”“唱歌”“喝水”常被分析为短语，即“词与词的组合”，当然不是“最小”的。但是，未接受过语言学训练的汉语母语者常常把这些所谓的短语当作词。所以传统词汇学中所谈的“最小”具有一定的模糊性，与我们在韵律构词学中所指的“最小”不同。

韵律构词学中所说的“最小”是指音步由两个而且仅由两个音节构成的情况，既不能多于两个音节，也不能少于两个音节。关于这一点，我们在第一节中也提到过。比如，“放桌子上”和“放在桌子上”都是可以说的，但是当有时体标记“了”出现的时候，就只能说“放在了桌子上”，而不能说“*放了在桌子上”，此时，要求“了”前的动词是一个双音节形式，不能是比双音节小的单音节形式。再如，“在北师大任教”和“在北师大任教师”都是可以说的，但是当“北师大”位于后面做宾语的时候，就只能说“任教北师大”，而不能说“* 任教师北师大”，也就是说，当携带宾语的时候，只允许双音节的形式出现在宾语前，而比双音节大的三音节形式则不可以。不能比双音节更小，也不能比双音节更大，便是最小词出现的环境。有人可能会有疑问：为什么单音节不是“最小”的呢？比如，“天”“地”“山”“人”“口”“手”这些传承了几千年的基本词汇怎么就不是“最小”的呢？我们知道，双音节词汇是汉语词汇的主要形式，说汉语的人也有“求偶成双”的习惯。像“希腊”“圣地亚哥”“捷克斯洛伐克”这些偶数音节的词，在自然表达（非强调）的情况下，人们不会一个音节一个音节地去说，人们不会说 [希 / 腊]、[圣 / 地 / 亚 / 哥]、[捷 / 克 / 斯 / 洛 / 伐 / 克]，而是两个音节两个音节地说，如 [希腊]、[圣地 / 亚哥]、[捷克 / 斯洛 / 伐克]。也就是说，双音节音步是汉语最自然、最基本的形式，由双音节音步实现的韵律词自然也是最小的。

其次来看什么是“最和谐”。根据 McCarthy & Prince（1998）的理论，“最小词”不是凭空而来的，而是有着一系列的推演过程。下面我们就来具体看一下最小词的推演过程。

第一，要求所有的音步都要从左边开始数起。关于音步的实现方向，冯胜利（1998、2004 等）有很详尽的论证，我们在下面的章节中会谈到。这里，我们只关注最小词的理论推导。汉语的双音节音步是标准音步，是最基本、最常见、最占优势的形式。因此，在分析音步时，尤其是在没有任何句法、语义、语用等因素干扰的情况下，常常倾向于两个音节、两个音节地进行。如果按照两个音节、两个音节的方式来数音步，那么汉语的偶数音节组合在数音步的时候似乎从左边数起与从右边数起得到的结果都是一样的。例如，“语言”无论从左数还是从右数都是一个音步，“笔墨纸砚”无论从左数还是从右数都是 [2+2] 的模式，“捷克斯洛伐克”无论从左数还是从右数都是 [2+2+2] 的模式。但是，奇数音节组合就不同了，从左边数起与从右边数起得到的结果是不一样的。例如，“印度尼西亚”从左边开始数音步可以得到 [2+3] 的模式，即 [印度 + 尼西亚]，而从右边开始数音步可以得到 [3+2] 的模式，即 [印度尼 + 西亚]。哪一个符合实际的结果呢？自然是前者，即从左边开始数音步。因为大家在说“印度尼西亚”这个词的时候，自然的说法是 [印度 / 尼西亚]，而不是 [印度尼 / 西亚]。所以，所有的音步都应该从左边开始数起，即“左起音步”，因为是从左向右数音步，音步实现的方向是朝向右的，因此又叫“右向音步”。

第二，要求每一个音节都要归属于一个音步。也就是说，不存在独立于音步之外的音节。前面说过，“土耳其”“斯德哥尔摩”“布宜诺斯艾利斯”等是音译词，是由一个语素构成的单纯词，其内部各音节之间没有任何结构或意义上的关联，因此在分析这类词时不必考虑其内部结构，而是在极其“自然”的状态下进行音步分析的。以“土耳其”为例，按照第一条规则，从左向右两个音节、两个音节地数音步，得到的结果是 [2+1] 的形式，即 [土耳 + 其]。但是人们在说“土耳其”的时候中间是没有任何间歇或停顿的，显然 [土耳 / 其] 的说法是不正确的，正确的说法应该是[土耳其]，“土”“耳”“其”三个音节组成了一个超音步，因此不会存在“其”这个单音节独立于音步之外的情况。再以“斯德哥尔摩”为例，从左向右两个音节、两个音节地数音步，得到的结果是[2+2+1]的形式，即[斯德+哥尔+摩]，但是人们在正常情况下的说法一定不是[斯德/哥尔/摩]，而是[斯德/哥尔摩]，是一个[2+3]的形式，即一个标准音步与一个超音步的组合，因此也不会存在“摩”这个单音节独立于音步之外的情况。最后再以七音节的“布宜诺斯艾利斯”为例，从左向右两个音节、两个音节地数音步，得到的结果是[2+2+2+1]的形式，即[布宜+诺斯+艾利+斯]，同样，人们在自然的情况下也不会说[布宜/诺斯/艾利/斯]，而是[布宜/诺斯#艾利斯]，两个标准音步与一个超音步的组合。在两个标准音步，即[布宜]与[诺斯]之间有一个小的间歇，在标准音步与超音步，即[诺斯]与[艾利斯]之间有一个比间歇大一些的停顿，因此也不会存在单音节“斯”独立于音步之外的情况。从上面的例子可以看出，偶数音节不会存在音节“挂单”的情况，因为音步是两个音节、两个音节来数的；奇数音节也不会存在音节“挂单”的情况，因为从左向右两个音节、两个音节地数音步，最后剩下的一个单音节会归入前面的双音节共同构成一个超音步，如“其”并入“土耳”构成一个超音步“土耳其”，“摩”并入“哥尔”构成一个超音步“哥尔摩”，“斯”并入“艾利”构成一个超音步“艾利斯”。这一“并入”的操作，同时也说明“音节归属优先于音步左起”，因为按照两个音节、两个音节左起数音步的方法，最后剩下的这个单音节（如“其”“摩”“斯”）应该是一个音步的起点，但因为其后不再有任何音节，所以它只能归属于前面的音步。也就是说，“音节归属”与“音步左起”两相比较，前者具有优先权。

第三，每一个音步都是一个起始音步。这条规则是前两条规则的必然结果。因为第一条规则要求所有的音步一律从左边开始数起，第二条规则规定任何形式中的所有音节都必须全部归入音步，不能独立于音步之外。这也就无可避免地得到“每一个音步都是一个起始音步”的结果。仍以“土耳其”“斯德哥尔摩”和“布宜诺斯艾利斯”为例。“土耳其”从左起数音步，得到的结果是 [土耳 / 其]，“其”作为一个单音节不能自成音步，也就自然不能成为一个音步的起始点，它必须归属于前面的音步（“土耳”），通常人们对“土耳其”的读法为 [土耳其]，中间没有任何停顿。“斯德哥尔摩”从左起数音步，得到的结果是 [斯德 / 哥尔 / 摩]，同样“摩”作为一个单音节不能自成音步，也就不能成为一个音步的起始点，它必须归属于音步“哥尔”，通常人们对“斯德哥尔摩”的读法为 [斯德 / 哥尔摩]。“布宜诺斯艾利斯”的分析也是如此，从左起两个音节、两个音节地数音步，得到的结果是 [布宜 / 诺斯 / 艾利 / 斯]，“斯”作为一个单音节不能自成音步，不能成为一个音步的起始点，必须归属于它前面的音步（“艾利”），通常人们对“布宜诺斯艾利斯”的读法为 [布宜 / 诺斯　艾利斯]。

据此，我们说，能够完美地契合上述三条规则的结构形式只有“最小词”。为什么？因为最小词由一个独立的音步组成，而该音步中的所有音节皆完满无余地归属于该音步，这个音步无疑也是一个起始音步。我们可以将最小词“形式化”为如（9）所示的结构:(9a)表示一个标准音步可以实现为一个最小词;(9b)是另一种表示方法，其中的“σ”表示音节，两个“σ”代表两个音节，两个音节组成一个音步，确切地说是一个标准音步，该标准音步实现为一个最小词。根据这种“形式化”的方式，最小词“任教”可以改写为[任教]$_{最小词}$或[(任教)$_{音步}$]$_{最小词}$，意思是，单音节“任”与单音节“教”构成一个双音节的标准音步，该标准音步实现为一个最小词。同样，最小词“吃饭”可以改写为[吃饭]$_{最小词}$或[(吃饭)$_{音步}$]$_{最小词}$，意思是，单音节“吃”与单音节“饭”构成一个双音节的标准音步，该标准音步实现为一个最小词。最小词都可以按照如(9)所示的方式进行“形式化”的改写。

(9) a. [标准音步]$_{最小词}$

b. [(σ σ)$_{音步}$]$_{最小词}$

虽然，“土耳其”“加拿大”“意大利”“尼克松”“克林顿”“奥巴马”等也是由一个音步实现而来的，但它们与最小词不同。我们前面分析了“土耳其”，其实,“加拿大”“意大利”“尼克松”“克林顿”“奥巴马”也是一样的，两个音节、两个音节地数音步，得到的结果都是[2+1]，即[加拿+大]、[意大+利]、[尼克+松]、[克林+顿]、[奥巴+马]，但是实际上，人们在自然的情况下是不会说[加拿/大]、[意大/利]、[尼克/松]、[克林/顿]、[奥巴/马]的，而是[加拿大]、[意大利]、[尼克松]、[克林顿]、[奥巴马]，即中间没有任何间歇或停顿。也就是说，两个音节、两个音节地数音步，最后落单的那个音节会并入它前面的音节，共同构成一个超音步，因此“土耳其”“加拿大”“意大利”“尼克松”“克林顿”“奥巴马”都是一个由超音步实现的超韵律词。它们组成一个音步是“迫于无奈”，最后一个音节不能自成音步，只能向前归属于其他音步。而最小词则是完美的形式，如“瑞典”“古巴”“埃及”“印度”等，就是由一个双音节的标准音步实现的，没有落单的音节，因此也就没有多余的音节因“迫于无奈”而加入进来。

根据如上推论，最小词实际就是最和谐的韵律词（the most harmonic prosodic word）。正如 McCarthy & Prince（1998: 299）所说：“在一般的节律限定条件下，任何不区分音节重量的语言里的最和谐的韵律词，是由两个音节（的长度）组成。”由此可见，最小词是韵律系统中规则推演的结果，是逻辑的必然。

第三节　怎样确定最小词

前面我们已经提到过，由双音节音步实现的韵律词即为最小词。这是最小词在韵律形式上的判定。同时，我们还应该从句法结构的角度来确定最小词，或者说验证最小词的存在。

第一，从能否携带宾语这一句法功能来看，有些最小词可以携带宾语，而其相对应的非最小词形式则不可以。比如，前面提到的“任教”和“任教师”、“夺冠”和“夺冠军”在携带宾语方面存在着差异，如（10）和（11）所示。“任教”是一个最小词，作为一个动词可以携带处所宾语“北师大”，而“任教师”是一个三音节形式，动词“任”已经携带了宾语“教师”，因此后面不可以再出现任何名词性成分来充当宾语。同样，“夺冠”是一个最小词，作为一个动词可以携带宾语“世界杯”，而相对应的三音节形式“夺冠军”则是一个短语形式，动词“夺”已经携带了宾语“冠军”，因此“夺冠军”作为一个动宾短语不可以再携带其他名词性成分来充当宾语。“任教”和“任教师”在语义上基本相同，可以通过能否携带宾语这一句法功能来区分它们之间的差异：双音节的“任教”可以携带宾语，而三音节的“任教师”则不可以。双音节的“任教”是一个最小词，具体来讲，是一个动宾式的最小词，因此，也就是说，动宾式最小词可以携带宾语，而相对应的动宾短语则不可以再携带宾语。“夺冠”和“夺冠军”也有类似的差异：前者是一个动宾式最小词，可以携带宾语；后者是一个动宾短语，不可以再携带宾语。

（10）a. 任教北师大

b. * 任教师北师大

（11）a. 夺冠世界杯

b. * 夺冠军世界杯

前面还提到过“喝干”和“喝干净”、“铺平”和“铺平整”，它们之间也存在着能否携带宾语的差异，如（12）和（13）所示。“喝干”与“喝干净”在语义上没有什么差异，从韵律表现上来讲，“喝干”是一个双音节形式，“喝干净”是一个多音节形式，不同的韵律表现就决定了它们具有不同的句法功能，“喝干”可以携带宾语“杯中酒”，而“喝干净”则不可以，“* 喝干净杯中酒”是一个不合法的结构。同样，“铺平”和“铺平整”在语义上也没有什么差异，在韵律表现上，“铺平”是一个双音节形式，“铺平整”是一个多音节形式，韵律表现的不同决定了句法表现的不同，双音节的“铺平”可以携带宾语“床单”，而三音节的“铺平整”则不可以，“* 铺平整床单”是一个不合法的结构。双音节形式的“铺平”是一个最小词，具体来讲，是一个动补式的最小词；而三音节的“铺平整”则是一个动补短语。也就是说，只有最小词形式才可以携带宾语。

（12）a. 喝干杯中酒

b. * 喝干净杯中酒

（13）a. 铺平床单

b. * 铺平整床单

以上，我们以动宾式最小词和动补式最小词为例说明只有最小词形式才可以携带宾语，而相对应的非最小词形式，虽然在语义上与最小词没有什么差异，但因为韵律表现不同——音节数目不同、音步形式不同，最小词是由双音节的标准音步实现的（如“任教”“夺冠”“喝干”“铺平”等），而相对应的非最小词形式则是由三音节的超音步实现的（如“任教师”“夺冠军”“喝干净”“铺平整”等）——句法表现也就不同，只有最小词形式才可以携带宾语。也就是说，在这种情况下，要想携带宾语，动词首先得是一个最小词。因此，我们可以从携带宾语的能力上来判定最小词的存在。

第二，我们还可以从能否携带时体标记这一句法功能来确定最小词。我们知道，时体标记“了”“着”“过”等要附着在动词的后面，而不能附着在动词短语的后面。如（14）所示，（14a）是一个合法的结构，时体标记“过”附着在“负责”的后面，而（14b）则是一个不合法的结构，此时，时体标记附着在“负”与“责”之间。这说明，“负责”是整体作为一个动词来携带时体标记“过”的，“过”不能插在词的内部。（14c）是一个不合法的结构，此时，时体标记“过”出现在“负责任”的后面；而（14d）则是一个合法的结构，此时，时体标记“过”出现在“负”的后面，即“负”和“责任”之间。这说明，在“负责任”中，“负”是作为一个独立的动词存在的，因此才可以携带时体标记，而“负责任”整体是一个动宾短语，时体标记不能放在整个动词短语的后面。我们知道，“负责”是一个最小词，而“负责任”不是，（14）中的对立恰恰证明了这一点：最小词可以作为一个整体携带时体标记，而非最小词不可以。

（14）a. 负责过这个项目

b. * 负过责这个项目

c. * 对这个项目负责任过

d. 对这个项目负过责任

再如（15）所示，（15a）是一个合法的结构，此时，时体标记“了”附着在“关严”的后面；（15b）则是一个不合法的结构，此时，时体标记“了”附着在“关”的后面。这说明，“关严”是作为一个整体来携带时体标记的，时体标记不可以插入其内部。（15c）是一个合法的结构，此时，时体标记出现在“关”的后面，说明在“关严实”中，“关”可以作为一个独立的动词存在，因此可以携带时体标记。我们知道，“关严”是一个最小词，时体标记“了”附着在它的后面，说明最小词是作为一个整体来携带时体标记的。而“关严实”则是一个动补短语，时体标记可以出现在“关”的后面。通过（15）中的对比，我们也可以看出最小词与非最小词在携带时体标记方面的对立。

（15）a. 关严了窗户

b. * 关了严窗户

c. 把窗户关了（个）严实

又如，[动词 + 介词 + 名词性成分] 的结构往往会被分析为一个动补短语，即介词与名词性成分先构成一个介宾短语，然后再共同充当动词的补语而最终构成一个动补短语。如（16a）所示，通常将“落在房顶上”分析为一个动补短语，介词“在”与方位短语“房顶上”先组成一个介宾短语“在房顶上”，然后“在房顶上”共同充当动词“落”的处所补语，最终构成“落在房顶上”这样一个动补短语。上述句法分析表明，动词“落”与介词“在”不是两个可以直接组合在一起的成分，二者分属于不同层次，能够与介词“在”直接组合的成分是方位短语“房顶上”，而能够与动词“落”直接组合的成分则是介宾短语“在房顶上”。但是，当有时体标记出现的时候，情况就不同了：时体标记“了”只能出现在 [动词 + 介词]（“落在”）的后面，而不能出现在动词（“落”）与介词（“在”）之间。这是为什么呢？我们刚刚说过，与介词“在”直接组合的成分是方位短语“房顶上”，而与动词“落”直接组合的不是介词“在”而是介宾短语

“在房顶上”。可是为什么“了”没有加在动词“落”的后面却加在了介词“在”的后面？（16）中的例子恰恰说明此时动词与介词已经重新分析为一个整体了，时体标记只能添加在双音节的[动词+介词]的后面，而不能插在中间。这个经过重新分析得到的[动词 + 介词] 就是一个最小词。

（16）a. 小鸟落在房顶上。

b. 小鸟落在了房顶上。

c. * 小鸟落了在房顶上。

第三，有些最小词作为词的形式，其内部不能再进行任何句法运作。如（17）所示，“进军”内部不能再插入其他成分，或者说其中的每个音节都不可以再扩展，因此不能说“* 进好莱坞的军”，“好莱坞”不能插在“进”与“军”之间，而只能放在“进军”的后面说成“进军好莱坞”。而（18）中的“吃豆腐”则不同，其内部可以再插入其他成分，或者说可以再扩展，如“豆腐”可以扩展为“他的豆腐”。我们知道，“进军”是一个最小词，而“吃豆腐”则不是。（17）和（18）中所举例句的对立表明，最小词已经是一个“词”的形式了，因此其内部不能够再插入任何成分，也不能再进行任何句法运作。

（17）a. 进军好莱坞

b. * 进好莱坞的军

（18）a. * 吃豆腐他

b. 吃他的豆腐

再如（19）和（20）的对立所示，“白费”虽然是状中结构，但其内部不能再插入状语标记“地”,“* 白地费”是不合法的结构;而同样是状中结构,“白白浪费”的内部就可以插入状语标记“地”,“白白地浪费”是合法的结构。这说明,“白费”是一个词的形式,其内部不能再进行任何句法运作,不能再插入成分或是再扩展;而“白白浪费”则是一个短语的形式,其内部可以再进行句法运作,可以进行再扩展或者插入其他成分。我们知道,“白费”是一个最小词的形式,而“白白浪费”则不是。(19)与(20)的对立也恰恰证明了最小词与非最小词的区别。

(19)a. 白费

b. * 白地费

(20)a. 白白浪费

b. 白白地浪费

又如(21)和(22)的对立所示,“互赠”是一个状中结构,其中的修饰语“互”不能与被修饰的动词性成分“赠”相分离,也就是说,副词性的“互”不能移动到其他副词之前,可以说“再也不互赠礼物”,副词“再”“也”“不”出现在“互赠”之前,而不能说“* 互再也不赠礼物”,“互”不能移到副词“再”“也”“不”的前面,也可以说是“互赠”的内部不能再插入“再”“也”“不”等其他成分。“互相赠送”也是一个状中结构,但是其中的修饰语“互相”就相对比较自由,可以移到其他副词之前,既可以说“再也不互相赠送礼物”,也可以说“互相再也不赠送礼物”。这说明,“互赠”是一个词的形式,因此其内部不能再进行任何句法运作,修饰语“互”也不可以随意移动;而“互相赠送”则是一个短语的形式,因此其内部结构不像词那么紧密，“互相”相对自由，可以移到其他修饰性成分之前，也可以说，其内部可以较自由地插入其他成分，如副词“再”“也”“不”等。我们知道，“互赠”是一个最小词，而“互相赠送”则不是。那么，（21）和（22）的对立也就恰恰反映出最小词与非最小词的对立。

（21）a. 他们再也不互赠礼物了。

b. * 他们互再也不赠礼物了。

（22）a. 他们再也不互相赠送礼物了。

b. 他们互相再也不赠送礼物了。

第四，有些最小词因为是词的形式，因而可以突破一些限制，与短语具有不同的句法表现。我们知道，在定中短语中，多项定语共现的时候，表示大小的修饰语要放在表示颜色的修饰语之前。如（23）所示，“大苹果”是一个定中短语，“大”是定语，修饰中心语“苹果”，如果要添加表示颜色的“红”，那么“红”只能添加在“大”的后面，而不能放在“大”的前面，即可以说“大红苹果”，而不能说“* 红大苹果”。“小豆”也是定中结构，形容词性的“小”修饰名词性的“豆”，然而，如（24）所示，表示颜色的“红”只能添加在“小”的前面，而不能添加在“小”的后面，即可以说“红小豆”而不能说“*小红豆”[1]。此时，我们会发现，“小豆”并不像“大苹果”一样遵循前面所说的“在

① 有人可能会说，“小红豆”也可以说啊。如果“小红豆”是可以接受的说法，那么其意思是“小的红豆”，是唐朝诗人王维在《相思》一诗里所说的“红豆生南国”的“红豆”，与我们这里所说的“小豆”不是同一种植物。因此，不能把“小红豆”看作“小豆”的扩展。

定中短语中，多项定语共现的时候，表示大小的修饰语要放在表示颜色的修饰语之前”的规则，反而表示颜色的修饰语放在了表示大小的修饰语之前。这是为什么呢？唯一的解释就是“小豆”不是短语，因此不必遵循短语的“表示大小的修饰语要放在表示颜色的修饰语之前”的规则。我们知道，“小豆”是一个最小词，而“大苹果”则不是。（23）和（24）中的对立表明，最小词可以“词化”，可以不必遵循短语的规则。

（23）a. 大苹果

b. 大红苹果

c. * 红大苹果

（24）a. 小豆

b. 红小豆

c. * 小红豆

第五，有些最小词会发生词性的转变，与相对应的非最小词形式具有不同的句法功能。如（25）和（26）所示，“可信”与“可以相信”在语义上基本相同，但是“可信”可以受程度副词“很”“非常”“极其”等的修饰，而“可以相信”则不可以。人们可以说“很可信”“非常可信”“极其可信”等，但不能说“* 很可以相信”“* 非常可以相信”“* 极其可以相信”等。我们知道，“可信”是一个最小词，而“可以相信”则不是。上述现象表明，作为一个最小词，可能具有与非最小词不同的句法功能。如“可信”可以受程度副词的修饰，说明它具有形容词的性质，而“可以相信”不可以受程度副词的修饰，说明它不具有形容词的性质而仍然是动词性质的，二者的句法性质和功能是不同的。也就是说，只有成为一个最小词形式才具有词性转变的可能。

（25）a. 可信

b. 很可信

（26）a. 可以相信

b. * 非常可以相信

以上我们从句法功能的角度分析了最小词与其相对应的非最小词的区别：最小词可以携带宾语，而非最小词则不可以；最小词携带时体标记时，时体标记要添加在最小词的后面，非最小词携带时体标记时，时体标记要添加在非最小词之间，而不能添加在非最小词的后面；最小词内部不可以再插入其他成分或进行再扩展，而非最小词则可以；最小词可以突破短语的限制，不必遵循短语的句法规则，而非最小词则不可以；最小词可能发生词性的转变，从而具有与相对应的非最小词形式不同的语法功能。我们可以通过上述办法来验证以及判定最小词的存在。

第四节　确立最小词的意义何在

本节将重点介绍“最小词”的效应：最小词可以为区分双音节词和双音节短语提供新的视角，最小词可以促发句法移位，最小词还可以作为一个整体参与复合词的构造。

首先来看最小词的效应之一——区分词和短语，体现汉语母语者的“词感”。这其实是最小词的一个很重要的功能。我们知道，在汉语语法学界，词和短语的区分始终没有很好地解决。单音节形式毫无疑问地归入词的范畴，多音节形式也没有太大问题，如“麦当劳”“肯德基”“必胜客”等三音节音译词或更多音节的音译词都会归入词的范畴；而“打电话”“我爱你”“在家吃”等三音节形式都会归入短语的范畴，音节数越多，归入短语范畴的可能性越大。所谓存在争议，原因多来自于双音节形式。当然，“智利”“古巴”“希腊”等双音节音译词都是词，这点毫无疑问。可能为我们的分析带来困惑的是内部存在结构关系的双音节形式。学界区分词和短语的做法常常是看能不能扩展或内部能否再插入其他成分，如果可以扩展或内部能够插入其他成分，那么可以判定为短语，否则，判定为词。例如“白菜”和“白马”，前者是词，后者是短语。因为“白菜”内部不可以插入“的”：“白的菜”不是一个合法的结构，即使有人认为合法，其意义也不等于“白菜”；而“白马”则可以在“白”和“马”之间插入“的”，即“白的马”等于“白马”。这也是词汇完整性假说所主张的：词的内部不能有任何短语形式的运作。根据这一规则，“吃饭”“喝水”“唱歌”都应该是短语，因为其内部可以插入其他成分，如时体标记“吃了饭”“喝过水”“唱着歌”。但是未受过任何语言学训练的汉语母语者常常会将“吃饭”“喝水”“唱歌”等看作是词，更不用说“洗澡”“游泳”“睡觉”等“离合词”了。

汉语母语者的这种“词感”恰恰说明了双音节的韵律作用，即最小词的功效。通过上文对最小词的介绍，我们可以了解到，凡是双音节形式都可以看作最小韵律词，简称最小词。那么这个“词”的概念就更加清晰和简单了。无论是汉语语法学所认定的词（如“智利”“古巴”“希腊”等），还是短语（如“吃饭”“喝水”“唱歌”等），抑或是离合词（如“洗澡”“游泳”“睡觉”等），只要是双音节形式就都是韵律上“最小”的，都是韵律上的“词”的形式。因此，我们说，最小词的提出为区分词和短语的问题提供了新的视角。

另外，最小词的效应还体现在促发句法移位。在上面的小节中我们介绍过，动宾式最小词可以携带宾语，[动宾式最小词+宾语]的结构其实蕴含了移位的句法操作。如（27）所示，“讲学”是一个最小词，可以携带宾语“北师大”，而“讲语言学”是一个相应的非最小词（短语）形式，后面不可以再出现任何宾语成分。这是为什么呢？我们知道，无论是“讲学北师大”，还是“*讲语言学北师大”，所要表达的意思是“在北师大讲语言学”，那么，这个结构应该如（28）所示。可以将“在”分析为一个轻动词（little verb），如果“在”不出现，那么具有词缀性质的轻动词就需要吸引实义动词（此处的“讲”）向上移位并与之合并，至此，得到的结果是“*讲北师大语言学”，如（29）所示，然而，这却是一个不合法的结构。要想最终得到的结构合法，方法只有一个，就是动词V与其宾语NP成为一个最小词，整体移位到轻动词位置，如（30）所示，得到的“讲学北师大”是一个合法的结构。这也符合“核心重音规则”（Nuclear Stress Rule）：“讲学”作为一个动宾式最小词可以为其后的宾语“北师大”指派重音。而“*讲北师大语言学”之所以不合法，正是因为违反了“核心重音规则”：“讲”作为一个动词，只能为其后成分指派一个重音，而其后却出现了两个成分“语言学”和“北师大”，必定有一个得不到重音而无法存在。因此，我们说，最小词也是促发句法移位的动因。

（27）a. 讲学北师大

b. * 讲语言学北师大

（28）

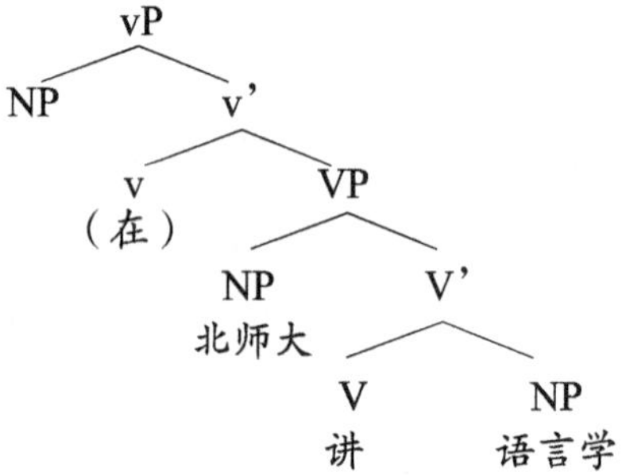

（29）

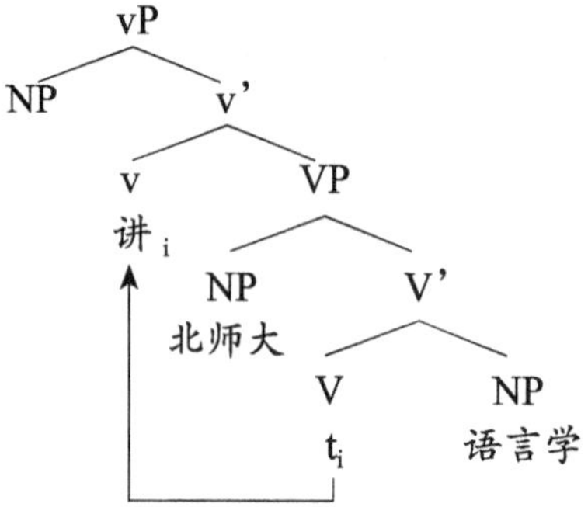

（30）

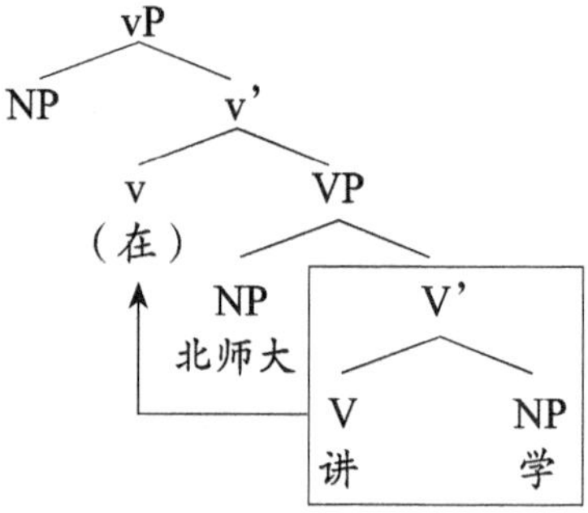

另外，最小词还可以作为一个整体参与复合词的构造。现代汉语中有一种复合词是由多个音节构成的，如（31）~（33）所示，其中列出了正确的说法和不正确的说法。大家通过比较能不能发现问题？我们只能说“词语构造方法”，不能说“* 构造词语方法”；只能说“文字打印社”，不能说“* 打印文字社”；只能说“果汁压榨机”，不能说“* 压榨果汁机”。这种复合词是由一个动词性成分和两个名词性成分构成的，其中有一个名词性成分在语义上是动词性成分所表示的动作的支配对象（亦即动词的宾语），这个名词性成分要放在动词性成分前面说，整个复合词才合法。例如，“词语”是“构造”所支配的对象，构成复合词时，“词语”要放在“构造”的前面才可以，即“词语构造方法”是一个合法的复合词；“文字”是“打印”所支配的对象，构成复合词时，“文字”要放在“打印”的前面才可以，即“文字打印社”是一个合法的复合词；“果汁”是“压榨”所支配的对象，构成复合词时，“果汁”要放在“压榨”的前面才可以，即“果汁压榨机”是一个合法的复合词。此时，复合词的结构可以表示为 [名词性成分 + 动词性成分 + 名词性成分]$_{复合词}$。但是，[名词性成分 + 动词性成分 + 名词性成分] 的构词方式也不是对任何由一个动词性成分和两个名词性成分构成的复合词都管用的。例如，我们只能说“构词法”，不能说“* 词构法”；只能说“打字社”，不能说“* 字打社”；只能说“榨汁机”，不能说“* 汁榨机”。此时，也是一个动词性成分带上两个名词性成分，其中一个名词性成分在语义上也是该动词性成分所表示的动作的支配对象，但是这个名词性成分只能放在动词性成分的后面。比如，名词性成分“词”

是动词性成分“构”所支配的对象，构成复合词时，必须是动词性成分在前、名词性成分在后，即“构词法”才是合法的复合词；名词性成分“字”是动词性成分“打”所支配的对象，构成复合词时，必须是动词性成分在前、名词性成分在后，即“打字社”才是合法的复合词；名词性成分“汁”是动词性成分“榨”所支配的对象，构成复合词时，必须是动词性成分在前、名词性成分在后，即“榨汁机”才是合法的复合词。也就是说，此时复合词的结构可以表示为[动词性成分+名词性成分$_{\text{宾语}}$+名词性成分]$_{\text{复合词}}$。仔细观察，“构词法”与“词语构造方法”、“打字社”与“文字打印社”、“榨汁机”与“果汁压榨机”的区别除了词序上的，还有哪些方面存在差异呢？最直观的差异恐怕就是音节上的了：在“构词法”“打字社”“榨汁机”中，动词性成分（“构”“打”“榨”）与它所支配的名词性成分（“词”“字”“汁”）都是单音节的；而在“词语构造方法”“文字打印社”“果汁压榨机”中，动词性成分（“构造”“打印”“压榨”）与它所支配的名词性成分（“词语”“文字”“果汁”）都是双音节的。正是音节的差异导致了词序的差异。为什么这么说呢？我们知道，“构造词语”“打印文字”“压榨果汁”是动宾短语，是动词性的，不能直接用来构造复合词，必须将动词性成分和名词性成分调换一下位置，即变为“词语构造”“文字打印”“果汁压榨”等名词性成分在前、动词性成分在后的顺序才可以具有名词性来参与复合词的构造。“构词”“打字”“榨汁”也是动宾结构，也是动词性的，按理说也是不可以直接参与复合词的构造的，应该颠倒一下动词性成分和名词性成分的顺序使其具有了名词性以后，它们才可以参与构词，但是我们知道，“* 词构”“* 字打”“* 汁榨”却是不合法的结构。为什么当动词性成分和名词性成分是单音节形式的时候就可以打破复合词构造的规则呢？原因就在于“构词”“打字”“榨汁”都是动宾式的最小词，动宾式最小词已经“词化”为一个整体，可以作为一个“模块”来参与复合词的构造，而无须打破其间的顺序。至此，“词语构造方法”“文字打印社”“果汁压榨机”等结构可以表示为 [双音节名词性成分 + 双音节动词性成分 + 名词性成分]$_{\text{复合词}}$。而“构词法”“打字社”“榨汁机”等有最小词参与构词的复合词结构可以表示为 [[单音节动词性成分 + 单音节名词性成分$_{\text{宾语}}$]$_{\text{最小词}}$ + 名词性成分]$_{\text{复合词}}$。关于这一点，我们在第四章中还会有详细的介绍。

（31）a. 构词法——* 词构法

b. 词语构造方法——* 构造词语方法

（32）a. 打字社——* 字打社

b. 文字打印社——* 打印文字社

（33）a. 榨汁机——* 汁榨机

b. 果汁压榨机——* 压榨果汁机

综上，最小词可以解释汉语母语者的“词感”，即为什么倾向于将双音节形式判断为“词”而非“短语”。同时，最小词可以促发句法移位，进而可以解释为什么只有最小词（如“讲学”）才可以携带宾语，而非最小词形式（如“讲语言学”）则不可以：只有作为一个最小词才有移位并入轻动词位置的可能。另外，最小词（特别是动宾式最小词）可以作为一个整体参与复合词的构造，而无须打破其间的顺序，不必进行“动宾倒置”即可构词。由此可见，无论是词法还是句法，都会受到韵律的影响和制约。

思考与练习

1. 简述音节、音步与最小词的关系。
2. 请分析下列格式的含义及二者的区别。

   $[(\sigma\sigma)_{音步}]_{韵律词}$

   $[(\sigma\sigma\sigma)_{音步}]_{韵律词}$

3. 请指出下列韵律词有没有与之相对应的非最小词形式。如果有，二者之间有哪些句法功能上的不同？

   洗净　可疑　倍增

   说清　能说　重学

   被杀　收徒　常说

2

第二章

最小词的地位

本章将介绍最小词在韵律系统中的地位。首先介绍韵律的概念层级（Prosodic Hierarchy），如下图所示：

韵律概念层级
|
韵律词（Prosodic Word）
|
音步（Foot）
|
音节（Syllable）
|
韵素（Mora）

在这个概念层级中，位于最底层的“韵素”是最小的韵律单位，指的是一个音节的韵母中所包含的最小的韵律成分，如“bāo（包）”中的“a”和“o”以及“dān（单）”中的“a”和“n”。比韵素高一级的单位是“音节”。大家对“音节”的概念可能比较熟悉，我们在语音学中经常会使用到这一概念：听话时自然感到的最小的语音单位。例如，上面所举的“bāo（包）”是一个音节，“dān（单）”是一个音节。汉语基本上一个字就是一个音节。[①] 韵素与音节之间是“组成”关系，即韵素组成音节。

比音节高一级的单位是“音步”。音节与音步之间也是组成

① 儿化的“花儿”“盖儿”“勺儿”等除外，它们是两个字表示一个音节。

关系，也就是说，音步是由音节组成的，这是音步的性质之一。音节的数量与音步的类型有很大关系，这一点在本章第一节中会详细谈到。大致来说，根据组成音步的音节数可以将音步再分为标准音步、超音步、蜕化音步和残音步。

比音步高一级的单位是"韵律词"，音步与韵律词之间是"实现"关系[①]，因此，韵律词不可能跨过音步直接跟音节发生关系，音步是韵律词得以实现的基础，这也是音步的性质之一。音步数量的多少与韵律词的大小有直接关系。汉语的标准音步是双音节音步，在自然音步中，单音节不能自成音步，因此双音节音步必然是最小的音步形式。一个韵律词至少由一个音步实现，因此最小的韵律词便是双音节形式，即"最小词"。最小词不会小于一个双音节音步，但同时也不会大于一个双音节音步。

最小词作为最和谐的韵律词，在韵律系统中处于什么样的地位？最小词与音步、韵律词又有什么样的关系？这些问题将是本章讨论的重点。

第一节　最小词与音步有什么关系

我们将在这一节里介绍音步的概念[②]、自然音步以及非自然音步。自然音步可以排除句法、语义、语用等的干扰，帮助我们观

---

① 这里的"实现"在技术上的表述是音步通过校齐（alignment）的运作映射（map）为韵律词。

② 关于音步的更多介绍可参见本套"汉语韵律语法丛书"之《音步和重音》（端木三）。

察纯韵律结构中的音步特征，也有助于我们了解“最小词”之所以“最小”的原因。

一、音步的概念

在第一章中，我们证明了两个音节组成的音步是“最小”“最和谐”的，由两个音节的音步实现的韵律词也是“最小”“最和谐”的，也正因为如此，说汉语的人才喜欢把双音节形式看作“词”的形式，特别是未接受过语言学训练的汉语母语者，无论是对“花园”“咳嗽”“认真”这些语法学上认定的词，还是对“坐车”“哭红”“一个”这些语法学上认定的短语，都倾向于判断它们为词。由此可见，双音节音步是最常见、最自然的组合，因此又称作“标准音步”。三个音节也可以组成音步，称为“超音步”。其内部由于组成成分句法关系的不同还可以再细分为 [1+2] 和 [2+1] 两种形式：[1+2] 形式的有“副主任”“省政府”等，[2+1] 形式的有“五金店”“皮鞋厂”等。

音步一般最多也就是由三个音节组合而成，不会超过三个音节。因此，四个及四个以上的音节一般由两个或多个音步组成。例如，四个音节的组合一般是由两个双音节音步组合而成的，如“科学技术”“努力学习”“海枯石烂”等，可以分析为 [2+2] 的形式：“科学技术”由音步“科学”与音步“技术”组合而成，“努力学习”由音步“努力”与音步“学习”组合而成，“海枯石烂”由音步“海枯”与音步“石烂”组合而成。当然，也存在 [1+3] 的形式，如“副系主任”“听贝多芬”“打卡介苗”等，以及 [3+1] 的形式，如“旁观者清”“三十六计”“七十二变”等。五个音节的组合最常见的是 [2+3] 和 [3+2] 两种形式：[2+3] 的形式有“火烧圆明园”“风雪山神庙”“韵律构词学”等，是由一个双音节的标准音步和一个三音节的超音步组合而成的，如“火烧圆明园”由标准音步“火烧”与超音步“圆明园”组合而成，“风雪山神庙”由标准音步“风雪”与超音步“山神庙”组合而成，“韵律构词学”由标准音步“韵律”与超音步“构词学”组合而成；[3+2] 的形式有“西兰花炒肉”“祥林嫂改嫁”“新文化运动”等，是由一个三音节的超音步和一个双音节的标准音步组合而成的，如“西兰花炒肉”由超音步“西兰花”与标准音步“炒肉”组合而成，“祥林嫂改嫁”由超音步“祥林嫂”与标准音步“改嫁”组合而成，“新文化运动”由超音步“新文化”与标准音步“运动”组合而成。六个音节的组合有三音步（即 [2+2+2]）的形式，也有双音步（即 [3+3]）的形式。三个音步的组合根据其内部的句法结构关系，还可以分为 [2+[2+2]] 和 [[2+2]+2] 两种形式。例如，“确实一无是处”“拼个你死我活”“北京商业中心”等是由三个标准音步组合而成的，其中第二个音步和第三个音步结合得更为紧密：“确实一无是处”是由音步“确实”“一无”“是处”组合而成的，“一无”和“是处”在句法、语义上的结合更为紧密；“拼个你死我活”是由音步“拼个”“你死”“我活”组合而成的，“你死”和“我活”在句法、语义上的结合更为紧密；“北京商业中心”是由音步“北京”“商业”“中心”组合而成的，“商业”和“中心”在句法、语义上的结合更为紧密。而“纳斯达克股市”“写完作业之前”“我们学校以北”等虽然也是由三个标准音步组合而成的，但与“确实一无是处”“拼个你死我活”“北京商业中心”等不同的是，其中结合紧密的是第一个音步和第二个音步，而不是第二个音步和第三个音步：“纳斯达克股市”是由音步“纳斯”“达克”“股市”组合而成的，“纳斯”和“达克”的结合更为紧密；“写完作业之前”是由音步“写完”“作业”“之前”组合而成的，“写完”和“作业”在句法、语义上的结合更为紧密；“我们学校以北”是由音步“我们”“学校”“以北”组合而成的，“我们”和“学校”在句法、语义上的结合更为紧密。六个音节的组合也有双音步的形式，即 [3+3] 的组合方式，是由两个超音步组合而成的。例如，“西门子电冰箱”“一传十十传百”“有过之无不及”等，其中，“西门子电冰箱”由超音步“西门子”与超音步“电冰箱”组合而成，“一传十十传百”由超音步“一传十”与超音步“十传百”组合而成，“有过之无不及”由超音步“有过之”与超音步“无不及”组合而成。七个音节的组合也大多是三音步形式，如 [[2+2]+3] 的“打开天窗说亮话”“人逢喜事精神爽”等，[2+[2+3]] 的“不识庐山真面目”“无事不登三宝殿”等，以及 [3+[2+2]] 的“知其一不知其二”等。

上面谈到的音节组合的情况都受到组成成分之间的句法关系的影响，例如七音节的组合“热爱人民热爱党”只能分析为 [4+3]，即 [热爱人民 / 热爱党]，因为整个结构是一个四音节的动宾短语和一个三音节的动宾短语构成的并列短语。而“为他人做嫁衣裳”就只能分析为 [3+4]，即 [为他人 / 做嫁衣裳]，因为整个结构是一个三音节的介宾短语和一个四音节的动宾短语构成的状中短语。那么，“柴米油盐酱醋茶”由七样事物的名称并列而成，其间的句法关系是平等的，应该怎样分析它的音节组合结构呢？同样，一些音译外来词，如“拉斯维加斯”“乌兹别克斯坦”“布宜诺斯艾利斯”，其内部没有句法关系，那么应该怎样来分析它们的音节组合结构呢？

另外，有些词语的音节组合结构与内部句法关系并不一致，如“一衣带水”，其意义是“水面像一条衣带那样窄”，句法结构应为 [3+1]，即 [一衣带 + 水]，但是人们常常读作 [2+2] 的形式，即 [一衣 / 带水]，以致很多人已经不明白“一衣带水”到底是什么意思了。同样，“狐假虎威”的意思是说“狐狸假借老虎的威势吓跑百兽”，因此句法结构应该是 [1+3]，但人们常常会读作 [2+2] 的形式，即 [狐假 / 虎威]。“力不从心”“木已成舟”“人尽其才”等也都存在类似的问题。那么，应该怎样分析这类问题呢？

上面提到的这些问题涉及“自然音步”与“非自然音步”的界定，下面我们来看一下什么是“自然音步”和“非自然音步”，它们各自有哪些特征。

二、音步的类型

（一）自然音步

我们在前面的章节中曾提到，汉语中有一些多音节的音译外来词，其内部各组成成分之间没有句法、语义关系，如“巴伐利亚”“加利福尼亚”“吉尔吉斯斯坦”“符拉迪沃斯托克”等。以“加利福尼亚”为例，其内部各音节都是没有意义的，组合在一起才表示一定的意义（美国西部太平洋沿岸的一个州的名称），在词汇学中，“加利福尼亚”是由一个语素构成的词，那么，各音节之间自然不会存在句法、语义、语用等关系。另外，还有一些熟语，其内部各组成成分之间为并列关系，如“东南西北”“酸甜苦辣咸”“赤橙黄绿青蓝紫”等。以“酸甜苦辣咸”为例，它指的是“五味”，其中每个音节代表一种味道，虽然每个音节都有意义，但是并列结构使得每个音节各自独立，其间没有“亲疏远近”之别，自然也不会受到句法、语义、语用等的影响。因此，上述两类词语可以排除句法、语义、语用等方面的干扰，反映出纯韵律音步最自然的面貌和最原始的属性，即我们所说的“自然音步”——不受句法、语义、语用等影响的音步组合，如“99/99/999”“茶米 / 油盐 / 酱醋茶”或者“布宜 / 诺斯 / 艾利斯”。我们在前面的章节中已经多次提到了，两个音节组成的音步是“最小”“最和谐”的，也就是说，双音节毫无疑问地可以自成一个音步，如音译词“荷兰”“希腊”“印度”等，并列式复合词“语言”“种植”“美丽”等。三音节的音译词有“奥巴马”“葡萄牙”“比利时”等，并列结构有“数理化”“海陆空”“福禄寿”等。人们在说这些三音节词语的时候，中间是不会出现任何停顿的，例如，音译词“比利时”，无论是 [比 # 利时] 还是 [比利 # 时]，都不是正确的说法；同样，并列结构“数理化”，无论是 [数 # 理化] 还是 [数理 # 化]，也都不是正确的停顿。这说明，三个音节也可以自成一个音步，而非两个音步。因此，两个音节和三个音节的组合在纯韵律系统中可看作一个独立的音步，即一个自然音步。

四个音节组成的音译词有“澳大利亚”“马萨诸塞”“巴伐利亚”等，并列结构有“东南西北”“琴棋书画”“春夏秋冬”等。

人们在说这些四音节词语的时候，音节与音节之间不会有大的停顿，但是在第二个音节与第三个音节之间允许出现比停顿小的间歇。例如，音译词“澳大利亚”，人们会说成 [澳大 / 利亚]；并列结构“琴棋书画”，人们会说成 [琴棋 / 书画]。由此可见，最自然的四音节组合是 [2+2] 的形式。

五个音节组成的音译词有“加利福尼亚”“阿尔巴尼亚”“斯德哥尔摩”等，并列结构有“酸甜苦辣咸”“金银铜铁锡”“天地君亲师”等。跟四音节组合一样，人们在说五音节组合的时候，每个音节之间也不会出现显著的停顿，而在第二个音节和第三个音节之间允许出现间歇，即[加利/福尼亚]、[阿尔/巴尼亚]、[斯德/哥尔摩]、[酸甜/苦辣咸]、[金银/铜铁锡]、[天地/君亲师]。由此可见，五个音节的组合，最自然的音步是 [2+3] 的形式。

六个音节组合而成的并列结构暂时没有发现，但是音译词则有“捷克斯洛伐克”“吉尔吉斯斯坦”“乌兹别克斯坦”等。人们在说这些音译词的时候，在第二个音节和第三个音节之间会有停顿，在第四个音节和第五个音节之间会有间歇，即 [捷克 # 斯洛 / 伐克]、[吉尔 # 吉斯 / 斯坦]、[乌兹 # 别克 / 斯坦]，其他的说法都是不正确的或不自然的。也就是说，六个音节的自然节奏形式是前两个音节组成一个音步，后四个音节组成两个音步，后两个音步的结合要稍显紧密些，即 [2+[2+2]] 的形式。

七个音节的音译词有“布宜诺斯艾利斯”“符拉迪沃斯托克”等，并列结构有“柴米油盐酱醋茶”“齐楚燕韩赵魏秦”“赤橙黄绿青蓝紫”等。人们在说这些七音节词语的时候，在第四个音节和第五个音节之间会有明显的停顿，在第二个音节与第三个音节之间又会有小的间歇，即 [布宜 / 诺斯 # 艾利斯]、[符拉 / 迪沃 # 斯托克]、[柴米 / 油盐 # 酱醋茶]、[齐楚 / 燕韩 # 赵魏秦]、[赤橙 / 黄绿 # 青蓝紫]。也就是说，当七个音节组合的时候，最自然的节奏是 [[2+2]+3] 的形式。

以上我们列出了人们对从双音节到七音节的音译词及并列结构的自然读法，下面我们可以对此进行一些总结：

第一，两个音节和三个音节都可以组成一个独立的音步；

第二，四个音节只能说成 [2+2] 的形式；

第三，五个音节只能说成 [2+3] 的形式；

第四，六个音节只能说成 [2#2/2] 的形式①；

第五，七个音节只能说成 [2/2#3] 的形式。

那么，通过上面所归纳的汉语自然音步的特点，我们可以进一步推导出几条重要的关于自然音步的规则：

首先，单音节形式不足以构成一个独立的音步。这是逻辑的必然，因为偶数音节组合都会以双音节为音步，而不会出现以单音节为音步的情况，因此，在偶数音节中单音节不能构成一个独立的音步。例如，四音节组合“斯里兰卡”“东南西北”只能分析为 [2+2] 的韵律形式，不可能是 [1+3] 或 [3+1] 等形式。六音节组合“捷克斯洛伐克”的自然读法是[2#2/2]，而非[1#3/2]、[3#1/2]、[2#3/1] 等其他形式。即使在奇数音节组合中也不存在单音节音步。例如，三音节组合“加拿大”“数理化”等可以自成一个独立的音步，而非 [1+2] 和 [2+1] 的形式。五音节组合“加利福尼

① 当然，两词分译的除外，如“朱莉娅・罗伯茨”（Julia Roberts）只能说成 [3+3] 的形式。

亚”“酸甜苦辣咸”等的自然读法为 [2+3]，而非 [2+2+1] 或 [3+2] 等其他形式。七音节组合“布宜诺斯艾利斯”“柴米油盐酱醋茶”等的自然读法为 [2/2#3]，而非 [1/3#3]、[3/1#3]、[3/3#1] 等其他形式。所以，无论是在偶数音节还是在奇数音节中，“单音节形式不足以构成独立的音步”是唯一的结论。

其次，汉语自然音步的音节“小不低于二，大不过于三”。意思是说，汉语的自然音步要么是由两个音节组成的，要么是由三个音节组成的，不会有其他形式。这从上面双音节到七音节组合的分析中可以得到印证：双音节组合与三音节组合自成音步；四音节的组合为 [2+2] 的形式，即两个双音节音步的组合；五音节的组合为 [2+3] 的形式，即一个双音节音步与一个三音节音步的组合；六音节的组合为 [2+2+2] 的形式，即三个双音节音步的组合；七音节的组合为 [2+2+3] 的形式，即两个双音节音步与一个三音节音步的组合。由此可见，汉语的自然音步除了双音节就是三音节，不会有单音节、四音节等其他形式。因此我们说，汉语自然音步的音节不会小于两个音节，也不会大于三个音节。这也正是我们把由双音节音步实现的韵律词称为“最小词”的原因。

再次，奇数音节组合中必然（而且只能）有一个“三音节音步”。也就是说，奇数音节的组合最多允许一个三音节音步。例如，上面谈到过，五音节组合应分析为 [2+3] 的形式，七音节组合应分析为 [2+2+3] 的形式，其中都是有且只有一个三音节音步。也就是说，任何长度的奇数音节的组合，无论从左边开始数音步还是从右边开始数音步，都要两个音节、两个音节地数，期间不可能出现三音节的组合，直到最后剩下一个单音节，才将它跟相邻的音步组成一个三音节音步。因此，在纯韵律结构中，任何一个奇数音节的组合都不可能出现大于一个三音节的音步，也不可能出现两个或两个以上的三音节音步。例如七音节组合“赤橙黄绿青蓝紫”，如果从左边开始数音步，那么，“赤橙”“黄绿”“青蓝”各自构成一个音步，剩下的单音节“紫”不能独立成为音步，而是与“青蓝”共同构成一个三音节的音步；如果从右边开始数音步，那么，“蓝紫”“绿青”“橙黄”各自构成一个音步，剩下的单音节“赤”不能独立成为音步，而是与“橙黄”共同构成一个三音节的音步。因此，无论音步从哪里开始数起[①]，汉语自然音步的音节都不会超过三个，而且最多允许一个三音节音步的出现。也就是说，单音节必须与其相邻的双音节构成一个“三音节超音步”形式才符合自然韵律的要求（关于“超音步”下文会有详细介绍）。这也从侧面印证了第一条规则所说的“单音节形式不足以构成一个独立的音步”。

根据以上的分析，我们就可以得到汉语自然音步的本质特征：“二分支（Binary Branching）”，如下图所示：

前面提到，汉语的单音节不足以构成一个音步，因此，（a）是不正确的（“f”表示音步 foot，“σ”表示韵素 mora）。这跟汉

① 在下文会介绍，自然音步是从左向右数起的，而不是从右向左数。我们在这里只是提出一种假设，意在说明无论从左还是从右数音步，得到的结论都是一样的：奇数音节组合中必然（而且只能）有一个“三音节音步”。

语的韵素缺乏足够的长度直接相关。我们知道，汉语母语者发英语的“I”[ai] 这个音时常常会发成汉语的“爱”[ai] 这个音，而英语母语者发汉语“爱”这个音时常常会发成英语的“I”这个音。然而，英语的“I”与汉语的“爱”虽然在国际音标的标注上相同，但实际发音却并不相同。因为在英语中，每一个韵素都有一定的长度，在发 [ai] 这个音的时候，从 [a] 到 [i] 的过程十分明显，两个韵素自然可以构成一个音步。而汉语的韵素则缺乏足够的长度，所以我们听外国人说“爱”总像是在说“爱意”，说“鲜”总像是在说“西安”。正因为汉语的韵素缺乏足够的长度，因此音步必须在音节这一层级上满足“抑扬轻重”的二分要求，即（b）才是正确的。[①] 也就是说，汉语的标准音步必须至少由两个音节组成，所以双音节音步才占据统治地位（关于“标准音步”下文会有详细介绍）。同时，正因为单音节不足以构成一个独立音步，在奇数音节组合中才会出现三音节音步。所以超音步的存在也是“单音节不成音步”的必然结果。这也正是汉语音步的自然属性的体现。

（二）非自然音步

在汉语中，自然音步有时与语法的表现是一致的。例如，唐朝诗人李白的《静夜思》：“床前明月光，疑是地上霜。举头望明月，低头思故乡。”每一句都是 [2+3] 的韵律模式，即全诗要读成：“床前 / 明月光，疑是 / 地上霜。举头 / 望明月，低头 / 思故乡。”

---

① 注意，这里的分析只是一种初步的说法，更精确和严格的分析，尚有待研究。读者可参 Feng（2009b）。

这样的韵律模式与语法结构的表现也是一致的。然而，有的时候，自然音步与语法结构的表现并不一致，而且往往能够“战胜”语法，展现出韵律对语法的制约。例如，“一衣带水”“旁观者清”“三十六计”“力不从心”“木已成舟”“人尽其才”等四字格，其韵律模式都是 [2+2]，即 [一衣 / 带水]、[旁观 / 者清]、[三十 / 六计]、[力不 / 从心]、[木已 / 成舟]、[人尽 / 其才] 等，但它们的语法表现却不是 [2+2]，“一衣带水”“旁观者清”“三十六计”是 [3+1] 的语法结构，而“力不从心”“木已成舟”“人尽其才”则是 [1+3] 的语法结构。再如，“妈妈刚从外面回来”这个结构，语法结构为 [$_{主}$妈妈 [$_{谓}$[$_{状}$刚 [$_{中}$[$_{状}$[$_{介}$从 [$_{宾}$外面]][$_{中}$回来]]]]]]，而韵律结构却为[妈妈/刚从/外面/回来]。有的时候（或更多的时候），音步与语法的表现本不一致，但又无法“战胜”语法，而是被语法所制约，受到语法的影响，形成“非自然音步”。除了受句法、语义的影响之外，音步还会受到语用的影响。因此，根据影响因素的不同，可以将非自然音步细分为“句法音步”“语义音步”和“语用音步”。

1. 句法音步

句法音步是音节组合受到句法影响而形成的音步。如（1）所示，如果按照自然音步的分析，“喝一杯水”的韵律结构应该是 [2+2]，即 [喝一 / 杯水]，但实际上，“喝一杯水”的正确说法是 [喝 / 一杯水]，即 [1+3] 的韵律模式。由此可见，对“喝一杯水”的音步分析并非遵循自然音步的规则，此时，韵律受到了句法的影响：句法上，动宾结构“喝一杯水”的结构为 [$_{动}$喝 [$_{宾}$一杯水]]，因此，韵律结构也表现为[喝/一杯水]，即[1+3]而非[2+2]

的韵律模式。此处，“喝一杯水”的组合音步就表现为句法音步。再如（2）所示，如果按照自然音步的分析，“请关上门”的韵律结构应该是 [2+2]，即 [请关 / 上门]，但实际上，符合人们语感的韵律模式应为 [1+3]，即 [请 / 关上门]。又如（3）所示，“咬坏孩子”是一个有歧义的结构。一方面，“咬坏孩子”可以理解为“把孩子咬坏了”，此时，“咬坏”与“孩子”之间是动宾关系，“咬”与“坏”之间是动补关系，结构可以表示为 [$_{动}$[$_{动}$咬 [$_{补}$坏]][$_{宾}$孩子]]，在这种情况下，“咬坏孩子”的韵律结构为[2+2]，即[咬坏 / 孩子]。另一方面，“咬坏孩子”还可以理解为“咬的是坏孩子”，此时，“咬”与“坏孩子”之间是动宾关系，“坏”是“孩子”的修饰语而与“咬”没有任何句法、语义关系，结构可以表示为 [$_{动}$咬 [$_{宾}$[$_{定}$坏 [$_{中}$孩子]]]]，在这种情况下，“咬坏孩子”的韵律结构为 [1+3]，即 [咬 / 坏孩子]。这都是因为音步组合受到了句法的影响从而形成句法音步。

（1）喝一杯水

（2）请关上门

（3）咬坏孩子

2. 语义音步

语义音步是音节组合受到语义影响而形成的音步。如（4）所示，“唱什么歌”是一个有歧义的结构。如果在 KTV 里面，你可能会对朋友说：“唱什么歌？我来帮你点。”此时，“唱什么歌”表示疑问，对方会回答：“我想唱某某歌曲。”另一方面，“唱什么歌”还可以表示否定，如果在期末考试之前，你邀请室友去 KTV

唱歌，室友可能会说："唱什么歌，都要考试了！"此时，"唱什么歌"不表示疑问，不需要对方回答，而仅仅表示否定，意思是不去唱歌。在第一种情况下，"唱什么歌"表示疑问时，其韵律模式为 [1+3]，即 [唱 / 什么歌]；在第二种情况下，"唱什么歌"表示否定时，其韵律模式为[3+1]，即[唱什么/歌]。同样的形式，因为表达的意义不同，会导致不同的音步组合模式，这时的音步受到了语义的影响。又如（5）所示，如果按照自然音步的分析，韵律结构为 [2+2+2]，即 [我把 / 书还 / 给他]，但实际上，符合人们语感的韵律模式应该是 [3+3]，即 [我把书 / 还给他]。这是受到了语义的影响，在语义上，"把书"是一个整体，"还给"是一个整体，不可拆开。

（4）唱什么歌

（5）我把书还给他

3. 语用音步

语用音步是音节组合受到语用影响而形成的音步。语用音步比较灵活，为配合表达效果，音节可以任意组合，甚至不受句法、语义的限制。例如，强调马年吉祥的祝福语有"马上有钱""马到成功"，原本的音节组合模式为 [2+2]，即 [马上 / 有钱]、[马到 / 成功]，但因为此时特别强调"马"，对比重音落在"马"上，因此"马"的音长比自然情况下要长一些，相当于单音节"马"加上了一个空拍"Ø"形成了一个两音节形式，从而构成一个音步，可以表示为 [马 Ø/ 上有钱]、[马 Ø/ 到成功]，表面上看即为 [1+3] 的结构。再如，"走一步"，在自然情况下，它是一个由三个音节组成的超音步，但如果强调“走”，焦点重音落在“走”上，“走”的音长就会变长，相当于加上了一个空拍“Ø”，即 [走 Ø/ 一步]，从而形成了 [1+2] 的双音步形式。

以上，我们介绍了音步、自然音步与非自然音步等概念。其中，非自然音步会受到句法、语义、语用等的影响，因此不便于我们观察音步的特征。而自然音步则恰好可以排除种种干扰，让我们可以看到纯粹的韵律结构。因此，我们选择了内部没有任何结构关系的音译词以及内部结构关系单一的并列结构这两种组合形式来考察自然音步的特征，其中最重要的一点是：汉语自然音步的音节“小不低于二，大不过于三”。因为单音节不足以构成一个音步，因此自然音步的音节至少有两个，这也正是“最小词”之所以为“最小”的原因。

三、怎样数音步

在了解了什么是音步之后，我们再来看一下音步是从哪里开始实现的，即如何数音步。非自然音步，尤其是句法音步，比较好判断音步的实现方向，如“皮鞋厂”，根据其内部的句法关系，可以认定是从左向右实现为 [2+1] 的韵律模式，而“种果树”可以认定是从右向左实现为 [1+2] 的韵律模式。另外，双音节组合，如“语言”“研究”等，以及四音节组合，如“努力学习”“韵律语法”等音步的实现，无论是从左向右还是从右向左，得到的结果都是一样的，可以看作是“无向音步”。但是，自然音步怎么来判断呢？尤其是奇数音节的组合模式。

（一）左起（右向）音步

前面提到过，偶数音节组合在数音步的时候似乎从左起还是从右起得到的结果都是一样的，例如“笔墨纸砚”都是 [2+2] 的模式，“捷克斯洛伐克”都是 [2+2+2] 的模式。但奇数音节组合就不同了，从左起还是从右起得到的结果是不一样的，例如“加利福尼亚”从左起数音步可以得到 [2+3] 的模式，而从右起数音步可以得到 [3+2] 的模式。哪一个是符合实际的结果呢？自然是第一种“左起音步”，因为音步实现方向是朝向右的，因此又叫“右向音步”。

下面以五音节组合“加利福尼亚”为例，详细介绍音步实现的方向。如果音步实现的方向是左起右向的，那么从“加”开始数起，首先“加”与“利”构成一个音步，然后“福”和“尼”构成一个音步，剩下一个单音节“亚”不能自成音步，并入相邻的“福尼”音步组合中，最后的结果 [2+3] 是符合汉语的实际情况的。

（6）步骤 1　加利 / 福尼亚　　←

步骤 2　加利 / 福尼 / 亚　　←

结果　[加利 / 福尼亚]

如果音步的实现方向是右起左向的，那么应该从最后一个音节“亚”开始数起，首先“亚”与“尼”构成一个音步，然后“福”与“利”构成一个音步，剩下一个单音节“加”不能自成音步，并入相邻的“利福”音步组合中，最后得到的结构是 [3+2]，不符合汉语的实际情况，没有人会这样说。

（7）步骤 1　加利福 / 尼亚　　　　←

步骤 2　加 / 利福 / 尼亚　　　←

结果　* [加利福 / 尼亚]

七音节组合“布宜诺斯艾利斯”等也是如此，正确的读法是 [布宜 / 诺斯 # 艾利斯]，是 [2+2+3] 的结构，也是从左起数音步得到的结果。

由此可见，汉语自然音步的实现方向是左起右向的，即从左向右数音步。

（二）左起构词，右起造语

我们来看（8）中的例子，“* 皮工厂”“* 纸工厂”“* 金商店”“* 鞋商店”都是不合法的结构，而相对的，“皮革厂”“造纸厂”“五金店”“皮鞋店”都是合法的构词模式。这说明对于复合词来讲，[1+2] 是不合法的韵律结构，而 [2+1] 则是合法的。从音步实现的方向来看，[1+2] 是右起音步（左向音步），而 [2+1] 是左起音步（右向音步）。这也就是说，对于复合词来讲，音步是从左向右实现的。

（8）a. * 皮工厂——皮革厂

b. * 纸工厂——造纸厂

c. * 金商店——五金店

d. * 鞋商店——皮鞋店

在例（9）中，“读报纸”“修路灯”“种果树”“买图书”都是合法的结构，而“* 阅读报”“* 修理灯”“* 种植树”“* 购买书”

都是不合法的结构。这说明对于短语来讲，[1+2] 是合法的结构，而 [2+1] 则是不合法的。从音步实现的方向来看，[1+2] 是右起音步（左向音步），而 [2+1] 是左起音步（右向音步）。这也就是说，对于短语来讲，音步是从右向左实现的。

（9）a. 读报纸——* 阅读报

b. 修路灯——* 修理灯

c. 种果树——* 种植树

d. 买图书——* 购买书

至此，我们可以得到这样一个结论："左起构词，右起造语"。这一规则可以帮助我们很好地解释汉语 OVN 型复合词的构造方式，如"汽车修理工""军马饲养方法"等。为什么汉语的合成复合词会以 OVN 的形式出现而非 VON 呢？即，为什么是"汽车修理工"而不是"* 修理汽车工"呢？为什么是"军马饲养方法"而不是"* 饲养军马方法"呢？为什么一定要说成"修理汽车的工人""饲养军马的方法"呢？如（10）所示，"饲养军马"是一个动宾短语，音步实现的方向是从右向左的，而"某某方法"作为一个复合词，其音步的实现方向又是从左向右的，因此在同一个结构的内部产生了音步实现方向上的矛盾，导致整个结构不合法。而"饲养军马的方法"就没有问题，因为无论是"饲养军马"还是整个结构都是短语，音步实现的方向都是从右向左，具有一致性。因而要想构造复合词，动宾必须进行倒置，如（11）所示，"军马饲养"是构词形式，音步实现的方向是从左向右，整个结构“军马饲养方法”也是一个词，音步实现的方向也是从左向右，结构内部具有一致性，整个复合词合法。

（10）

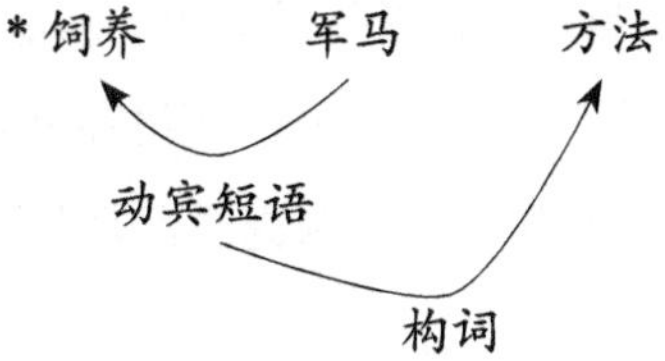

（11）

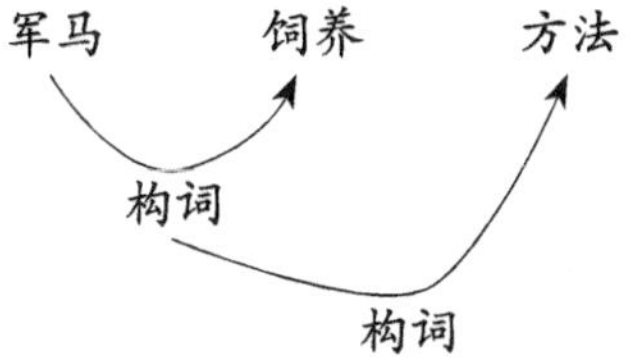

更进一步，“左起构词，右起造语”还可以帮助我们判断“回环型”复合词。回环型复合词是指“谣言制造者”“制造谣言者”“国宝盗窃罪”“盗窃国宝罪”等复合词。这类复合词最早由何元建（2004）指出，他认为“谣言制造者”和“制造谣言者”都是复合词，不同的是“谣言制造者”是典型的词结构，按中心语素右向原则生成，而“制造谣言者”则是“短语入词”，即在句法层面上将“制造谣言”这一短语生成之后，再让它回到词库进入复合词构词（与“者”复合构词）。我们认为，根据“左起构词，右起造语”这条原则，“制造谣言者”更像是短语而非词。如（12）所示，“制造谣言”是动宾短语，其音步实现的方向是从右向左的，而如果把整个结构分析为词的话，音步的实现方向应该是从左向右，这就在同一个结构里发生了矛盾。而“谣言制造者”则不存在这个问题：“谣言制造”是构词形式，其音步的实现方向是从左向右，与整个结构的音步实现方向一致。如果是

“制造谣言的人”也不存在问题，如（14）所示，无论是“制造谣言”还是整个结构都是短语性质的，音步的实现方向也都是一致的。因此，我们认为“制造谣言者”是短语“制造谣言的人”受到了复合词“谣言制造者”的影响，介于短语和复合词之间的过渡成分，它的韵律构造类似于短语“制造谣言的人”。

（12）
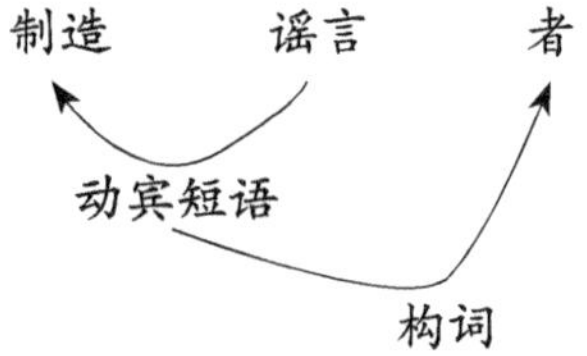

（13）
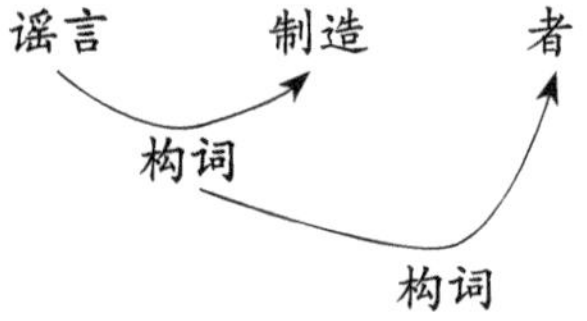

（14）
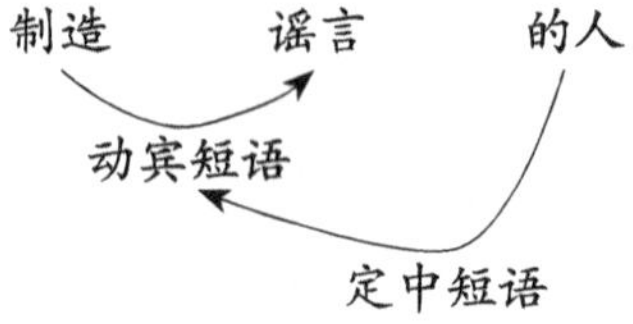

我们也可以从语料中得到佐证，“制造谣言者”这类所谓的复合词其实具有与短语相类似的句法特性。如（15）所示，“制造谣言者”还可以再扩展，而“谣言制造者”则不可以。如（16）所示，“VO 者”中的“VO”可以并列出现，而“OV 者”中的“OV”则不可以。我们知道，词的内部不可以再进行扩展、插入等操作，而短语内部是可以的。因此我们认为，所谓的“回环型”复合词，其实更接近于短语的性质。

（15）a. 会制造谣言者可发财。

（1994 年 3 月 16 日《人民日报》）

b. * 谣言会制造者

（16）a. 俄国沙皇统治时期，亦曾有严字当头的禁烟令，对吸烟、私藏烟草、贩卖烟草者有拷打、流放、苦役、割鼻和死刑之规定。（1996 年 5 月 18 日《人民日报》）

b. * 对烟草私藏、烟草贩卖者处以死刑。

以上我们介绍了怎样数音步，对于双音节的最小词来讲，左起数音步或是右起数音步似乎都没有太大影响，这是就最小词本身来讲的。前面我们也提到了自然音步是左起（右向）音步，非自然音步是“左起构词，右起造语”。“左起构词，右起造语”可以解释为什么“* 皮商店”不合法而“皮鞋店”没问题，为什么“* 种植树”不合法而“种果树”没问题：因为“皮鞋店”是复合词，应该左起数音步，因此 [2+1] 的形式是合法的，而 [1+2] 的形式“* 皮商店”则是不合法的；“种果树”是短语，应该右起数音步，所以 [1+2] 的形式是合法的，而 [2+1] 的形式“* 种植树”则是不合法的。然而，我们也可以找到一些“例外”的情况，例如“害怕鬼”是动宾短语，但却与“种果树”不同，是 [2+1] 的“构词”形式。正因为“害怕鬼”不符合“左起构词，右起造语”的规则，因此使用起来没有“怕鬼”自然，显然最小词的表达要更好一些。同样，“客轮”比“客轮船”要好，也是因为“客轮船”不符合“左起构词，右起造语”的规则。由此可见，虽然对最小词本身来讲，音步的实现方向作用不大，但与非最小词相对比时，有些最小词之所以会在运用中显得更自然，使用频率更高，正是因为与其相对应的非最小词形式与音步实现的方向相悖。另外，正因为 [1+2] 的动宾结构是“右起音步”，是“造语音步”，不是自然音步（自然音步是“左起音步”），因此受音步的制约，该结构永远都只能是短语而无法成词，无法再携带宾语。若要该结构具有词的特性，就只能使其压缩为 [1+1] 的最小词形式。

四、音节与音步

我们在前面介绍了韵律的概念层级，在这一层级中，音步是比音节高一级的单位，二者之间是“组成”关系，即音节组成音步。那么，具体来讲，音节是怎样组成音步的呢？根据组成音步的音节数可以将音步再分为标准音步、超音步、蜕化音步和残音步。

（一）标准音步

我们知道，说汉语的人有“求偶成双”的习惯，汉语的词语也以偶数音节（特别是双音节）居多，这正是因为汉语最基本的音步是由两个音节组成的，也就是说，双音节音步是最常见、最一般的音步，因此我们称其为“标准音步”。其他音步形式都可以看作标准音步的“变体”。

音步必须遵循“二分支”的原则。如下图所示，A 与 B 分别代表一个音节，二者组合成一个音步，反映出韵律节奏中的“轻重抑扬”。没有“轻重”就没有节奏，没有节奏就无所谓韵律。音步所代表的正是语言节律中最基本的角色，即最小的一个“轻重”片段，“轻”与“重”是互相依存、缺此无彼的关系，因此音步必须是一个“二分”体，音步非“二分”不足以表“轻重”。由二分支组成的音步在任何语言使用系统中（如口语、书面语以至诗歌等）都是一组典型的轻重组合单位。这也正是我们把“二分支音步”称为“标准音步”的原因。

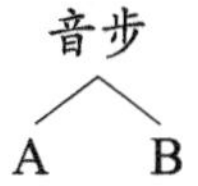

（二）超音步

现在有很多网络流行语由三个音节组成，如“高富帅”“白富美”“高大上”等，其间的结构为并列关系，三个音节之间没有明显的停顿，按照自然音步的规则分析，三个音节组成一个音步，我们称之为“超音步”。

按照组成成分之间的句法关系，非自然音步可以分成 [1+2] 的形式，如“种果树”“在餐厅”等，以及 [2+1] 的形式，如“皮鞋厂”“打字社”等。前者是短语的形式，后者是复合词的形式。前面我们提到过“左起构词，右起造语”，根据这一规则，短语“种果树”从右向左数音步，首先“果”与“树”构成一个音步，剩下一个单音节“种”无法自成音步，因此与“果树”合并，共同构成一个三音节的超音步，如（17）所示。复合词“皮鞋厂”从左向右数音步，首先“皮”与“鞋”构成一个音步，剩下一个单音节“厂”无法自成音步，因此与“皮鞋”合并，共同构成一个三音节的超音步，如（18）所示。

（17）步骤 1　　种 / 果树　　←

结果　　　　　［种果树］

（18）步骤 1　　　→　　　皮鞋 / 厂

结果　　　　　　　　［皮鞋厂］

也有学者否认超音步的存在，认为汉语音步都是双音节的，之所以有三音节的词或固定组合是因为单音节可自成音步或为音步外音节（自由音节）。

（三）蜕化音步

单音节音步称为“蜕化音步”。蜕化音步的实现是有严格的语境限制的。例如，在以单音节词为“独立语段”的环境中，可以通过停顿或拉长该音节的元音等手段去满足一个音步。如（19）所示，在回答“去不去”“行不行”或“好不好”等问题时只用了一个单音节词“去”“行”“好”，此时单音节词独立成句，自然也是独立成音步，其前后都有较大的停顿。再如（20）所示，“买”与“卖”构成了对比，是焦点重音所在，因此可通过延长音节音长的方式单独构成音步。这也属于语用音步的范畴。

（19）甲：你去不去？ / 这么做行不行？ / 这样写好不好？

乙：去！ / 行！ / 好！

（20）**买**一批，不是**卖**一批。

（四）残音步

“残音步”也是由两个音节组成的，与标准音步不同的是，组成残音步的两个音节一重一轻，即一个是正常音节而一个是轻声音节。如“石头”“桌子”等就是由正常音节“石”“桌”与轻声音节“头”“子”组成的残音步。

确立残音步的一个很重要的意义就是可以很好地解释“左起构词，右起造语”这一规则的“例外”现象。我们在前面已经介绍过短语形式是从右向左数音步，因此多为 [1+2] 的韵律模式，尤其是动宾短语。但例（21）中所列出的似乎是例外现象：“喜欢钱”“稀罕你”“糟蹋书”都是动宾短语，但是韵律模式都是 [2+1] 而非 [1+2]，如果按照右起音步规则，得到的音步组合模式应该是 [喜 / 欢钱]、[稀 / 罕你]、[糟 / 蹋书]，但我们知道这绝对不是正确的音步分析方法。这些现象真的是例外吗？我们可以发现，所谓的“例外”，其实内里都包含着一个残音步：“喜欢”的“欢”、“稀罕”的“罕”、“糟蹋”的“蹋”都是轻声音节。轻声音节在数音步的时候可以当它不存在。如（22）所示，“新出炉的蛋糕”，其韵律模式为 [新出炉的 / 蛋糕]，“新出炉的”是一个音步，不会再分析为 [2+2]，但是我们又从未见过四个音节组成一个音步的情况，这正是因为其中包含了轻声音节“的”，而这个“的”在数音步的时候可以“无视”。“刚送走了客人”也是如此，其韵律模式为 [刚送走了 / 客人]，而“刚送走了”是一个音步，不宜分析为 [2+2]，其原因也是因为其中包含了一个轻声音节“了”。因此，如果无视轻声音节“欢”“罕”“蹋”的存在，所谓的例外就不是真正意义上的例外。

（21）a. 喜欢钱

b. 稀罕你

c. 糟蹋书

（22）a. 新出炉的蛋糕

b. 刚送走了客人

“左起构词”说的是复合词要从左向右数音步，那么三音节复合词的韵律模式就应该是 [2+1] 而非 [1+2]。但是（23）中所列出的都是 [1+2] 的复合词，我们仍然不把它们看作是例外现象。原因同上，其中都包含了一个残音步：“葫芦”“火烧”“耳朵”中的“芦”“烧”“朵”都是轻声音节，可以在数音步的时候视其为不存在。

（23）a. 糖葫芦

b. 糖火烧

c. 糖耳朵

五、最小词与音步

前面介绍自然音步的时候说过，汉语的音步不能少于两个音节，也不能多于三个音节，也就是说，必须是标准音步或超音步。通过这一节的学习，我们知道还有蜕化音步和残音步的存在，它们都比标准音步小，是不是汉语的音步不能少于两个音节的说法是错误的呢？当然不是。蜕化音步和残音步是语言运用中的特殊形式，并不反映纯韵律结构的自然面貌。

在韵律构词学中，音步是最小的、能够自由独立运用的韵律单位，是韵律词得以实现的基础。我们在前面用了一些篇幅来介绍音步，正是因为音步与最小词有着密切的关系：标准音步是实现最小词的韵律单位，没有音步就无从谈最小词，不了解音步就没有办法掌握最小词的特性。下面我们可以分别从“嵌偶单音词”和“合偶双音词”两个角度来看音步与最小词的关系问题。

“嵌偶单音词”必须嵌入一个最小词“模块”才能使用，而“合偶双音词”则要求必须是最小词与最小词的组合才能合法。[①]

（一）嵌偶单音词

通过上面的介绍，我们知道，标准音步是由一对具有轻重对立的音节组合而成的，因此标准音步一定是由两个音节组合而成的，即“音步必双”。这也就决定了汉语词语具有双音化的趋势，双音节词语（即最小词）在词汇系统中占据主要地位。如（24）中的“访”“友”“校”都不能独立使用，必须与其他音节组合使用，如（25）所示。“访”“友”“校”等在传统的词汇学研究中被称为“黏着语素”或“半自由语素”，它们不能单独使用，必须与其他语素组合在一起进行构词。然而，传统词汇学研究也就只能解释至此，不能解释为什么（26）中的“普遍访”“高贵友”“我们校”虽然是“访”“友”“校”与其他语素的组合但仍然是不合法的。

（24）a. * 我访过那位著名学者。
　　　b. * 他是我的友。
　　　c. * 校放假了。

（25）a. 我访问过那位著名学者。
　　　b. 他是我的好友。
　　　c. 学校放假了。

① 关于“嵌偶单音词”和“合偶双音词”的更详细的介绍请参见本套“汉语韵律语法丛书”之《汉语嵌偶单音词》（黄梅）、《汉语合偶双音词》（王永娜）。

（26）a. * 他想普遍访著名学者。

b. * 高贵友来此，定热情招待。

c. * 我们校老师都很有名。

"访""友""校"等单音节成分必须与另外一个单音节成分组合才能合法，如"遍访""贵友""我校"等。韵律构词学将"访""友""校"等这类必须嵌入双音节模式使用的单音成分称作"嵌偶单音词"（简称"嵌偶词"）。通过考察语料，我们可以发现，嵌偶词有以下特征：

第一，嵌偶词不能独立使用。例如，上面提到的"访""友""校"都不能单独使用，（24）中的例句都是不合法的。

第二，嵌偶词能且只能与一个单音节成分组合运用，也就是说嵌偶词必须出现在一个双音节（即最小词）的环境中，不能再比双音节更小，即由一个标准音步实现。例如，（25）中的"访问""好友""学校"分别是由"访""友""校"与单音节的"问""好""学"组合而成的最小词形式。

第三，嵌偶词也不能与一个大于单音节的成分组合，也就是说嵌偶词必须出现在一个双音节的环境中，不能比双音节更大。例如，（26）中的例句不合法的原因都是因为嵌偶词"访""友""校"与双音节的"普遍""高贵""我们"组合，违背了"嵌偶词"必须"嵌偶"的特性。

综上，嵌偶词不能独立使用，必须"嵌入"使用，所"嵌入"的结构必须是一个最小词，不可能比最小词小，也不可能比最小词大。

冯胜利的著作《汉语书面用语初编》(2006)收录了嵌偶词近250个。

（二）合偶双音词

现代汉语中有一种最小词，它们必须和另一个最小词组合为一个“[双+双]”的韵律格式才能合法使用。韵律构词学将这种要求“双配双”的双音节最小词称作“合偶双音词”(简称“合偶词”)。如(27)～(29)所示，其中的“进行”“加以”“光荣”等都是合偶词，同时也是一个最小词，它们必须和另一个最小词搭配使用才合法，如(27a)、(28a)和(29a)所示。合偶词具有如下特征：

第一，合偶词不能与一个小于最小词的成分搭配使用。通过前面的介绍，我们已经了解到最小词是一个双音节成分，因此小于最小词的成分必然是单音节的。也就是说，合偶词不能与一个单音节成分搭配使用。如(27b)、(28b)和(29b)所示，其中的合偶词与单音节成分的搭配都是不合法的。

第二，合偶词也不大能与一个大于最小词的成分搭配使用。如(27c)、(28c)和(29c)所示，其中的合偶词与多音节(大于两个音节)成分的搭配都是不合法的。

(27) a. 进行讨论

b. * 进行论

c. * 进行反复地论

(28) a. 加以修改

b. * 加以改

c. * 加以不断地改

（29）a. 光荣退休

b. * 光荣退

c. * 光荣离退休

因此，合偶词作为一个最小词，其搭配使用的对象也必须是一个最小词，而不能比最小词小，也不大能比最小词大。现代汉语里有将近 400 个合偶词，均收录在《汉语书面用语初编》中。

以上，我们主要从“嵌偶单音词”与“合偶双音词”入手来介绍确立音步的意义和作用。如果说音步是实现韵律词的基础，那么标准音步便是实现最小词的基础。嵌偶词是单音节形式，不足一个标准音步必须“凑成”一个标准音步来使用，即必须“嵌入”最小词模式使用，不可以大于最小词，也不能小于最小词。合偶词本身是一个最小词形式，即由一个标准音步实现，其搭配使用的对象也必须是一个由标准音步实现的最小词形式，不可以比最小词小，也不能比最小词大。

第二节　最小词与韵律词有什么关系

最小词是最和谐的韵律词，也就是说，最小词也是韵律词，但却是一类特殊的韵律词。这一节我们就来看一下最小词与韵律词到底有什么样的区别与联系。

一、韵律词的概念

“韵律词”（Prosodic Word，简称 PrWd）是从韵律学的角度来规定的“词”的概念。“词”一般是从句法学的角度定义的“最小的能够自由运用的语言单位”，而“韵律词”则是从韵律学的角度来定义的“最小的能够自由运用的语言单位”（冯胜利，1996）。

前面已介绍过韵律的概念层级，为方便起见，我们重写如下：

韵律概念层级

|

韵律词（Prosodic Word）

|

音步（Foot）

|

音节（Syllable）

|

韵素（Mora）

在这一概念层级中，韵律词是比音步高一级的单位，是由音步实现的。而音步又是比音节高一级的单位，是由音节组合而成的。前面提到过，汉语自然音步的音节“小不低于二，大不过于三”，也就是说，音步可以由两个音节组成，也可以由三个音节组成，但一个音步不能少于两个音节也不能大于三个音节。两个音节组成的音步为标准音步，三个音节组成的音步为超音步。由标准音步实现的韵律词为标准韵律词，由超音步实现的韵律词为超韵律词。[①]

① 这里只对韵律词的概念作简单介绍，关于韵律词的更多知识可参见本套“汉语韵律语法丛书”之《汉语的韵律词》（裴雨来）。

二、最小词与韵律词的关系

最小词是由一个双音节音步实现的，而双音节音步是一个标准音步，前面提到，由一个标准音步实现的韵律词是标准韵律词，那么最小词是不是就是一个标准韵律词呢？

韵律词是从韵律的角度来规定的词，最小词可以从韵律的角度来判定，但同时也离不开特定的语言环境。例如，“清华”是一个韵律词，但此时还不能说它是否是最小词，只有在如（30）所示的句法环境中才可以判定（30c）中的“清华”是最小词，因为（30a）和（30b）都是不合法的结构，此时单音节的“清”和“华”都不能放在“任教”的后面做处所宾语，也就是说，此时处所宾语的位置上不能出现比双音节更小的韵律形式，此时的“清华”不但是一个韵律词，也是一个最小词。同样，（31a）和（31b）的对立表明“任教”是一个最小词，也就是说，此时只有最小词形式才可以携带处所宾语，这个位置是一个“最小词位置”，即只有最小词才可以出现在这个位置上，不能出现比双音节更大的韵律模式。反观（30c）和（30d）的对立，处所宾语位置上虽然不能出现比双音节更小的韵律模式，但可以出现比双音节更大的韵律模式，也就是说，此时处所宾语的位置是一个“非最小词位置”，不仅最小词可以出现在其位置上，非最小词也可以。因此我们说，最小词不仅有特定的韵律模式，更具有特定的句法功能，离开句法环境无法判定最小词是否存在。

（30）a. * 任教清

b. * 任教华

c. 任教清华

d. 任教清华大学

（31）a. 任教清华

b. * 任教师清华

同样，最小词也具有词法功能。如（32）所示，只有（32a）是合法的复合词，（32b）和（32c）都是不合法的。在（32a）中，“洗衣”是一个双音节形式，可以看作一个最小词，作为一个模块整体参与构成复合词“洗衣机”。此时，与“机”组合的成分不能是比双音节小的单音节形式，如（32b）所示；也不能是比双音节大的三音节形式，如（32c）所示。

（32）a. 洗衣机

b. * 洗机 /* 衣机

c. * 清洗衣机 /* 洗衣服机

我们知道，“洗衣机”是一个三音节的超韵律词，是由一个最小词和“机”组合而成的，那么，像“洗衣机”这类 VON 格式的超韵律词就可以用（33）所示的格式来表示。关于这一点在第四章中会有详细介绍。

（33）[最小词 +N]$_{\text{超韵律词}}$

由此可见，不能将最小词简单地等同于标准韵律词。韵律词是一个“静态”的概念，而最小词则是“动态”的，要在具体的词法、句法环境中讨论最小词，离开具体的词法、句法环境是无所谓最小词的。

思考与练习

1. 请分析下列结构的音步组合情况。

（1）a. 乔治·克鲁尼

b. 布拉德·皮特

（2）妈妈刚刚下班回家。

（3）三十六计，走为上策。

（4）我很想请你给我买九百把小雨伞。

2. 请分析下列结构是否合法并说明理由。

（1）下学期我想重修读这门课。

（2）a. 楼前面有一片空地。

b. 房前面有一片空地。

（3）a. 他真是个奇人物。

b. 她真是个奇女子。

（4）我们经常互帮助对方。

（5）尽管足联再三留，他还是走了。

（6）你这样评论人是不对的。

3. 仔细观察身边生活中的语言，试着找出一些非自然音步，并指出它们具体属于哪种音步（句法音步、语义音步或语用音步）。

4. 如何区别最小词和韵律词？谈谈你的观点。

3

第三章

最小词的类型

通过前面章节的学习，我们已经知道了什么是最小词以及怎样判定最小词等问题，也通过一些例子大概了解了最小词“长什么样”，那么，接下来我们就要对最小词进行分类。我们可以从哪些方面对最小词进行分类呢？

第一节 可以从节律上分类吗

我们在第一章中曾经提到过，英语的“Hey, man”翻译成汉语，不能直接说“*嗨，人”，而要说成“嗨，哥们儿”或者“嗨，伙计”。另外，对英语“Goodbye”“Bye-bye”以及“Bye”的翻译都只能是“再见”或者“拜拜”，而不能是一个音节“*拜”。“*嗨，人”和“*拜”的翻译不好，是因为“人”和“拜”都是单音节形式，而换成双音节的“哥们儿”“伙计”“再见”“拜拜”之后就没有问题了。这种“只双不单”“求双避单”的单双音节差异，不仅说明最小词的存在[①]，同时也帮助我们从节律入手，对最小词进行分类，具体来讲，可以分为感叹式、重叠式、延长式和凑补式四类。

① 我们也注意到，北京话里的感叹语如“哎哟喂”，骂人的口头禅如“妈了八的”等，都大于两个音节。这显然不是最小词的限制，但也没有超出三音节或四音节的最大限制。参见本丛书之《汉语的韵律词》。

一、感叹式最小词

感叹式最小词常常用来表示感叹的语气，多由一个实词和一个虚词构成。如（1）所示，“天”是一个实词，在表示惊讶、无奈等语气的时候，不能单用说成“*噢，天”，而要和一个虚词（语气词）“啊”组合在一起构成“天啊”才可以。有人也许会问，“天”不能单独用来表示惊讶等语气吗？如（2）所示，其中的句子似乎也是可以说的。但需要注意的是，当“天”独立成句的时候，我们是通过停顿和延长的方式，把一个音节“拖”成了两个音节来说，此时“天”的发音一定比（1a）中“天”的发音要长。另外，有一些实词虽然可以单独使用，但是其意义与带上虚词后的意义完全不同，而且单独使用的时候也无法表达感叹语气。如（3）所示，我们为（3a）打上星号（*）认为其不合法，是从表达惊讶语气这个角度说的。虽然“妈，我手机丢了”这句话可以说，但是其中的“妈”只是一个称呼语，不能表达惊讶的语气。实词“妈”带上虚词“呀”构成感叹式最小词“妈呀”以后，惊讶的语气才会显现出来，如（3b）所示。

（1）a. *噢，天！

b. 噢，天啊！

（2）天！这不是祥林嫂吗？怎么老成这个样子了？

（3）a. *妈，我手机丢了！

b. 妈呀，我手机丢了！

感叹式最小词也有一些虚词与虚词的组合情况。例如，《现代汉语词典》对“哎”和“哎哟”的标注都是“叹词”，“哎”可以表示“惊讶”“不满意”“提醒”等意思，“哎哟”可以表示“惊讶”“痛苦”“惋惜”等含义，也就是说，根据《现代汉语词典》的释义，表达“痛苦”和“惋惜”等意义的时候只能用“哎哟”而不能用“哎”。如（4）和（5）所示，（4）表达痛苦的感情，只能说成“哎哟，我肚子好疼”，而不能说成“* 哎，我肚子好疼”；（5）表达惋惜的感情，只能说成“哎哟，咱们怎么没有想到他呀”，而不能说成“* 哎，咱们怎么没有想到他呀”。当然，感叹有时也可以用单音词，如（6）所示，其中的“啊”独立成句，但也正如前面所说，这种单音词一般是通过停顿或拉长元音来补足音步的。因此，凡是有单音节独立成音步的地方，要么有停顿，要么自成一个语段，如“我喜欢吃桃、梨、杏，还有苹果”中的“桃”“梨”“杏”都有停顿和延长。

（4）a. * 哎，我肚子好疼！

b. 哎哟，我肚子好疼！

（5）a. * 哎，咱们怎么没有想到他呀！

b. 哎哟，咱们怎么没有想到他呀！

（6）啊！长城！

二、重叠式最小词

有些单音节不能单独使用，必须重叠为双音节才能使用。例如，我们在编写短信、网络聊天等时候常常会用到“呵呵”“嘻嘻”等。“呵呵”和“嘻嘻”可以看作“呵”和“嘻”的重叠形式。“呵”和“嘻”常被看作拟声词，即模拟人的笑声，很少单用。如（7）和（8）所示，（7）中的“呵”作为单音节形式不能单独使用，需要重叠为双音节的“呵呵”来使用，表达憨厚的笑、不好意思的笑、尴尬的笑等意思；（8）中的“嘻”作为单音节形式也不能单独使用，需要重叠为双音节的“嘻嘻”来使用，表达亲切的笑、可爱的笑、调皮的笑等含义。

（7）a. * 我忘了，呵。

b. 我忘了，呵呵。

（8）a. * 你真好，嘻。

b. 你真好，嘻嘻。

有些单音节词可以单独使用，也可以重叠为双音节形式，重叠形式与非重叠形式有语义上的不同。如（9）所示，“天”是一个单音节名词，可以重叠为双音节的“天天”，重叠后表示“每天”的意思，因此，可以说“我天天都去图书馆看书”，意思是“我每天都去图书馆看书”，此时必须要用双音节的重叠式。同样，（10）也有类似的问题，虽然（10a）和（10b）都是可以说的，但是意思却不同：（10a）的意思是“我们每家都来了”，可能是说我们村里有二十户人家，每家都来参加村里的大会了；而（10b）的意思是“我们家里的人都来了”，可能是说我们家有五口人，这五口人都来北京旅游了。要想表达“每”的含义，必须使用重叠形式，非重叠的单音节形式不具备这样的功能。

（9）a. 我天天都去图书馆看书。

b. * 我天都去图书馆看书。

（10）a. 我们家家都来了。

b. 我们家都来了。

单音节量词也是如此，可以重叠为双音节形式，重叠后表达“每”的含义，而重叠前的单音节形式则无法表达这一含义。如（11）所示，“个个都是英雄好汉”意思是“每一个人都是英雄好汉”，“条条大路通罗马”的意思是“每一条大路都通向罗马”，“粒粒皆辛苦”的意思是“每一粒的获取都不容易”。

（11）a. 个个都是英雄好汉。

b. 条条大路通罗马。

c. 粒粒皆辛苦。

然而，在表达“量”的含义时，双音节则没有重叠形式。如（12）和（13）所示，其中的“星期”“公斤”都不可以重叠为“星期星期”“公斤公斤”。要想表达“每”的含义，只能在“星期”和“公斤”前面加上“每”。

（12）a. 他每星期都来。

b. * 他星期星期都来。

（13）a. 每公斤收获得都不容易。

b. * 公斤公斤收获得都不容易。

上述现象说明，重叠式最小词具有非重叠形式所没有的意义和功能。例如，有的单音节形式不能单独使用，只有重叠为双音节形式才可以自由使用；有的单音节形式虽然可以单用，但与重叠后的双音节形式相比具有不同的表达功能；而双音节形式已经是最小词，因而在表达“量”含义的时候无须也无法重叠使用。

三、延长式最小词

延长是指一个音节延长而成为两个音节，也就是所谓的“一生二”。这种现象自古就有，比如，在古代汉语中，“笔”也可以叫作“不律”，“茨”也可以叫作“蒺藜”，“椎”也可以叫作“钟馗”，“孔”也可以叫作“窟窿”等。同样的意义有单、双音节两种表达方式，人们一般会根据说话的快慢、话语的急缓来选择使用单音节形式还是双音节形式：急言用单，缓语用双。也就是说，单音节形式适用于紧凑的语言表达，而双音节形式适用于舒缓的语言表达。到了现代汉语中，双音节占绝对优势，于是人们把古代汉语中的单音节“延长”为双音节的形式，形成延长式的最小词。延长的方式往往是为古代汉语的单音节词添加一个在意义上“无足轻重”的单音节词共同构成一个双音节形式。如（14）所示，“唇”是自古就有的词，到了现代汉语中，添加了一个“嘴”而形成“嘴唇”，“唇”当然是长在“嘴”上的，“嘴”在此处的语义贡献并不明显，但是只能说“我的嘴唇破了”而不大能说“* 我的唇破了”，“嘴”虽然在语义上不做贡献，但在节律上却大有作为。（15）也是如此，不能说“* 我们购买书”而只能说“我们购买图书”，“书”和“图书”在语义上其实是没有什么差别的，“图书”的“图”跟“嘴唇”的“嘴”一样，都属于在语义上没什么贡献的，“图书”也并不是真的指“图”和“书”或是“带图的书”，而就是“书”的意思。（16）也一样，“国家”虽然是并列式的构词方式，但其意义其实就是“国”，而没有“家”的含义，只能说“我们国家”而不能说“* 我们国”，“家”在这里的作用只是补足音节而已。

（14）a. * 我的唇破了。

b. 我的嘴唇破了。

（15）a. * 我们购买书。

b. 我们购买图书。

（16）a. * 我们国经济发展很快。

b. 我们国家经济发展很快。

类似的例子还有“窗户”“树林”“白银”等。在现代汉语中，“窗户”就只是“窗”而不带“户”的意思，说“窗户关好了”其实就是“窗子关好了”。“林”当然是由“树”组成的，“树”很多的地方才叫“林”，虽然云南有石林，但“石林”也是运用了比喻的手法，把“石”比作“树”而形成“林”。“白银”的语义重心是“银”，“白”没有语义上的贡献，我们也没有听说过其他颜色的“银”。另外，还有 [名词 + 量词] 的延长式最小词，如“花朵”“车辆”“马匹”“纸张”等。“花朵”就是“花”，“车辆”就是“车”，“马匹”就是“马”，“纸张”就是“纸”，单音节形式与双音节形式在语义上没有差异，只是在节律上表现不同：为单音节的“花”“车”“马”“纸”所添加的量词“朵”“辆”“匹”“张”在这里并没有语义上的贡献，只是为了补足音节，将单音节形式延长为双音节形式。以上就是延长式最小词的特征，有一个核心音节，该核心音节往往来源于古代汉语，发展到现代汉语，在“双音化”的作用下，添加了一个意义上相近或者相关的音节，该音节可以添加在核心音节的前面，也可以添加在核心音节的后面，无论位于什么位置，该音节都不发挥语义作用，而只是起到节律上的“延长”作用。

四、凑补式最小词

凑补式，顾名思义就是用“凑补”的方式使单音节形式变为双音节形式。所谓“凑补”的方式，指的是以一个单音节为核心，为其添加一个“无关紧要”的单音节，以凑成双音节形式。这个“无关紧要”的单音节往往是词缀形式的“老”“阿”“头”“子”等。如（17）～（20）所示，“鼠”“姨”“舌”“桌”都是源自古代汉语的单音节形式，在现代汉语中已经不能单用了，必须凑成双音节的形式。例如，不能说“* 鼠跑掉了”，而要说“老鼠跑掉了”；不能说“* 姨回家了”，而要说“阿姨回家了”；不能说“* 舌不听使唤了”，而要说“舌头不听使唤了”；不能说“* 桌买来了”，而要说“桌子买来了”，等等。但与延长式最小词不同的是，这类凑补式最小词添加的音节是完全没有意义的词缀形式，如“老鼠”“老虎”“老师”并不是说“鼠”很“老”，“虎”很“老”，“师”很“老”，这里的“老”只是为补足音步、凑成双音节形式而添加的。同样，“舌头”也并不是指舌的前头部位（舌尖），而是指整个器官，如“舌头不听使唤了”并不是说舌的前头部位不听使唤了，后面的部位还可以用，这里的“头”也没有任何意义，纯粹是为补足音步而添加的。

（17）a. * 鼠跑掉了。

b. 老鼠跑掉了。

（18）a. * 姨回家了。

b. 阿姨回家了。

（19）a. * 舌不听使唤了。

b. 舌头不听使唤了。

（20）a.* 桌买来了。

b. 桌子买来了。

凑补式最小词与延长式最小词都是以一个音节为核心向双音节形式的“扩展”，但二者是不同的。虽然凑补式最小词与延长式最小词所添加的音节在语义上都不起作用，而只是在节律上有贡献，但是延长式最小词所添加的音节往往跟核心音节的意义相近或相关，如“嘴唇”虽然就是“唇”，但“嘴”与“唇”的意义相关，“窗户”就是“窗”，但“窗”与“户”的意思相近。而凑补式最小词所添加的音节则完全没有任何意义，只是词缀性质的，如“老”“阿”“头”“子”等，“老师”就是“师”，在“师”前面添加“老”并不是为了强调“师”的年龄大，而只是为了补足音步。一般来讲，“老”与“阿”添加在核心音节的前面，“头”与“子”添加在核心音节的后面。无论位置在哪里，都只是为凑补音步而添加的。

第二节 可以从句法上分类吗

我们在第一章中提到，有时候能够携带宾语的只能是最小词形式，而不能是相应的非最小词形式。例如，“任教”和“任教师”都是动宾结构，“任教”是最小词形式，可以携带宾语“北师大”，说成“任教北师大”；“任教师”是非最小词形式，不可以再携带宾语，不能说“* 任教师北师大”。“喝干”和“喝干净”也是如此，二者都是动补结构，但“喝干”是最小词形式，可以携带宾语，说成“喝干杯中酒”；而“喝干净”则是一个非最小词形式，不可以再携带宾语，不能说“* 喝干净杯中酒”。由此可见，最小词与非最小词有不同的句法表现，而最小词内部也有不同的句法组合方式，那么我们就可以从句法入手为最小词进行分类。通过上面的介绍，我们知道，“任教”是动宾式最小词，“喝干”是动补式最小词，除此之外，还有动介式最小词、助动式最小词、状动式最小词以及形名式最小词。下面我们具体来学习。

一、动宾式最小词

动宾式最小词是指构成最小词的两个音节之间是动宾关系，如我们前面提到的“任教”和“夺冠”都属于这一类最小词。在传统的语法研究中，我们经常会提到有一种词叫“离合词”，如“操心”“洗澡”“睡觉”等，这类结构“合”在一起使用时是词，而分“离”时则表现为短语。如（21）~（23）所示，在（21a）、（22a）和（23a）中，“操心”“洗澡”和“睡觉”都是作为一个词来使用的，而在（21b）、（22b）和（23b）中，“操了半辈子的心”“洗了一个热水澡”和“睡了一觉”都毫无疑问是短语形式。

（21）a. 父母总是为儿女操心。

b. 父母为儿女操了半辈子的心。

（22）a. 你打电话的时候我正在洗澡。

b. 我刚洗了一个热水澡。

（23）a. 孩子已经睡觉了。

b. 午饭后孩子睡了一觉。

根据词汇完整性原则（Lexical Integrity Hypothesis）："短语（句法）规则不能影响到（适用于）词汇内部的任何部分"，因此凡是可以扩展（或其内部可以再插入其他成分）的都应该看作是短语。从这个角度讲，"操心""洗澡""睡觉"这类结构都应该被分析为短语。但是，这不符合人们的语感，对没有接受过语言学训练的汉语母语者来讲，不仅"操心""洗澡""睡觉"是词，甚至"吃饭""喝水""唱歌"也是词。有人曾做过一个调查，通过发放问卷的形式，考察了汉语的25个双音节动宾式，其中包括"睡觉"和"洗澡"，结果是：认为"洗澡"是词的人占92.52%，认为"睡觉"是词的人占95.97%。可见，汉语母语者对"洗澡""睡觉"等双音节动宾式为词的认可度是非常高的。那么，语言学家就不得不重视母语者的"语感"了（或者说"词感"可能更合适）。

冯胜利（1994）曾提出："语言除了语音、句法、语义等不同层面之外，其韵律结构也应视为语言中相互作用的诸多层面中的一个重要的、独立的层面。"汉语母语者的"词感"正是来自于韵律这一层面。前面说了，像"操心""洗澡""睡觉"这样的结构，根据词汇完整性原则，应该判定为短语。然而，我们知道，"操心""洗澡""睡觉"都是双音节形式，在韵律上都应看作是韵律词，而且是最小韵律词（即最小词）。汉语母语者，尤其是未接受过语言学训练的汉语母语者，之所以会有将"操心""洗澡""睡觉"认定为词的"词感"，正是因为受到了韵律的影响。同样，在韵律的影响下，就连"吃饭""喝水""唱歌""跳舞""念书"等双音节动宾短语也会给人以"词"的感觉。这也是我们确立最小词的好处之一：无论句法上判定为词或是短语，只要是双音节形式就都是最小词，这符合人们的“词感”。如果句法上判定的短语恰好是一个双音节形式（如“吃饭”“喝水”等），那么它在韵律上就是一个最小词，代表了语言韵律层面中的一个独立的单位，与多音节（三个或三个以上音节）短语不同。上面所说的“词感”也正是这种“韵律单位感”。我们可以通过（24）中的例句来进一步证明“韵律单位感”的存在。

（24）a. 放假——放风筝

b. 吃亏——吃哑巴亏

c. 泡汤——泡方便面

未接受过语言学训练的汉语母语者可能会把“放假”“吃亏”“泡汤”看作是词，但对于“放风筝”“吃哑巴亏”“泡方便面”，不大会有人还认为是词。这说明，人们的“词感”来源于结构的长度，最能给人以“词感”的只有双音节形式，这也正是因为“韵律单位感”的存在。

我们知道，双音节动宾形式是一个最小词，作为一个最小词，它们与非最小词（也就是三个或三个以上音节）的动宾形式，在句法表现上也有所不同。如（25）所示，最小词都不能在其内部插入其他成分，如“司机”不能说成“* 司一会儿机”，“失望”不能说成“* 失两次望”，“用功”不能说成“* 用三天功”。而非最小词则可以插入其他成分，如（26）所示，“咬耳朵”可以说成“咬一会儿耳朵”，“压马路”可以说成“压两次马路”，“看电影”可以说成“看三天电影”。根据词汇完整性原则，不能够在内部插入成分的是词，否则是短语。因此，双音节的动宾式最小词是词，而多音节的非最小词是短语。

（25）a. 司机——* 司一会儿机

b. 失望——* 失两次望

c. 用功——* 用三天功

（26）a. 咬耳朵——咬一会儿耳朵

b. 压马路——压两次马路

c. 看电影——看三天电影

另外，我们在前面已经说过了，动宾式最小词可以携带宾语，而非最小词形式不可以。如（27）所示，动宾式最小词都具有“及物性”（transitive），即可以携带宾语。“得罪”可以说成“得罪人”“得罪他”，“关心”可以说成“关心他”“关心这件事”，“留神”可以说成“留神钱包”甚至“留神别跌倒”，等等。而（28）中的非最小词的动宾式则具有“不及物性”（intransitive），即不可以携带宾语。“开玩笑”不能说成“* 开玩笑你”，只能说“跟你开玩笑”，以状语的形式引出动作的对象，而不能用宾语的形式；同样，“动手术”也只能说“给他动手术”，而不能说成“* 动手术他”；“关禁闭”也只能说“把我关禁闭”，而不能说成“* 关禁闭我”。

（27）a. 得罪——得罪人 / 得罪他

b. 关心——关心他 / 关心这件事

c. 留神——留神钱包 / 留神别跌倒

（28）a. 开玩笑——* 开玩笑你——跟你开玩笑

b. 动手术——* 动手术他——给他动手术

c. 关禁闭——* 关禁闭我——把我关禁闭

再者，只有动宾式最小词可以携带“着”“过”“起来”等形式，非最小词形式则不可以。如（29）所示，“抱怨”可以说“抱怨着”，“担心”可以说“担心过”，“咳嗽”可以说“咳嗽起来”，最小词形式都可以在后面带上“着”“过”“起来”等词。而非最小词形式则不可以，如（30）所示，“咬耳朵”不能说“* 咬耳朵着”，只能说“咬着耳朵”；“动手术”不能说“* 动手术过”，只能说“动过手术”；“开玩笑”不能说“* 开玩笑起来”，只能说“开起玩笑来”。这也正说明动宾式最小词是词的形式，而非最小词则是短语的形式：“着”“过”“起来”等词只能添加在整个动宾式最小词的后面，不能插入其内部；而动宾式非最小词则允许其内部插入“着”“过”“起来”等词，而且这些词就只能添加在动词（如“咬耳朵”的“咬”，“动手术”的“动”，“开玩笑”的“开”）的后面，反而不能添加在整个动宾式非最小词的后面。

（29）a. 抱怨——抱怨着

b. 担心——担心过

c. 咳嗽——咳嗽起来

（30）a. 咬耳朵——* 咬耳朵着——咬着耳朵

b. 动手术——* 动手术过——动过手术

c. 开玩笑——* 开玩笑起来——开起玩笑来

由此可见，只有双音节动宾式最小词才能严守“词汇完整性原则”，而三音节的动宾形式均可拆开使用，而且都不能带宾语，其内部可以插入“着”“过”“起来”等词，这足以证明双音节跟三音节在句法上的对立。也就是说，凡是句法规则可以施展的地方，都是短语的所在；否则，便是词。因此，“得罪”等跟“开玩笑”等的句法属性迥然不同：前者是词，而后者是短语。

以上我们介绍了动宾式最小词。从理论上说，[1+2] 的动宾形式之所以不能成词，首先是因为在动宾结构中宾语一般要重于动词，这种“动宾 = 轻重”的韵律模式可以保证 [1+1] 的完整性：[1+1] 是一个双音节形式，是一个音步，我们在第一章提到过“相对轻重原则”，也提到过根据“相对轻重原则”，音步必须是“二分支”的，即其中的两个成分必然一轻一重，也就是说，[1+1] 的双音节形式之中，两个音节必然一个是轻的，一个是重的，分工明确。然而，在 [1+2] 的动宾形式之中，宾语本身就是双音节的 [1+1] 形式，也就是说，宾语可以自成音步，可以在动词那里获得重音，之后便独立存在，无论如何也不可能与动词合成一个词。其次，[1+2] 的动宾形式不能成词，更重要的是因为它们不是自然音步的产物。我们在第二章中谈到过自然音步，汉语的自然音步应该是从左向右组合而成的音步。显然，[1+2] 是从右向左组合而成的音步，因此不是自然音步，而是“逆向音步”，我们在第四章中会谈到，这样的音步不是能够组合成词的音步而是构造短语的音步。正因如此，所有的 [1+2] 的动宾形式都难以成词，因为它们会受到造语音步的控制。事实上，不仅动宾结构如此，其他的 VC（Verb+Complement）形式也不例外，比如下面即将谈到的动补式最小词。

二、动补式最小词

动补式最小词是指构成最小词的两个音节之间是动补关系，如“打碎”“哭哑”“摆齐”“关严”等。虽然“打碎”“哭哑”等[1+1]型的动补式最小词不大可能扩展为[1+2]的形式，如“*打破碎”“*哭嘶哑”都是不合法的结构，但并非所有的动补式最小词都不可以扩展，例如，我们在第一章中提到的“喝干”和“铺平”，“喝干”可以扩展为“喝干净”，“铺平”可以扩展为“铺平整”，以及（31）中的“摆齐”可以扩展为“摆整齐”，（32）中的“关严”可以扩展为“关严实”，等等。但是，当动补结构后面出现宾语的时候，就要求该动补式必须为最小词的形式。关于这一点，我们在前面的章节中也提到过，例如，可以说“喝干杯中酒”而不能说“*喝干净杯中酒”，可以说“铺平床单”而不能说“*铺平整床单”。同样，（31）和（32）中的例句也存在类似的问题。“摆齐”是一个动补式最小词，后面可以带上宾语“桌子”；“摆整齐”是一个[1+2]型的动补短语，虽然在语义上可以携带受事“桌子”，但“桌子”在句法形式上不可以位于“摆整齐”的后面，即不能说“*摆整齐桌子”。“桌子”如果一定要在结构中出现，就只能通过“把”来引介，说成“把桌子摆整齐”。当然，在“把”字引介受事“桌子”的情况下，使用动补式最小词也是合法的，即“把桌子摆齐”也是可以说的。同样，“关严”是一个动补式最小词，后面可以带上宾语“窗户”；“关严实”是一个[1+2]型的动补短语，虽然在语义上可以携带受事“窗户”，但“窗户”在句法形式上不可以位于“关严实”的后面，不能说

“* 关严实窗户”。受事“窗户”要想出现，也只能通过“把”来引介，说成“把窗户关严实”，而此时动补式最小词“关严”也可以用，即“把窗户关严”也是可以说的。也就是说，在“把”字句中，动补式最小词与非最小词都是可以使用的，但是只有动补式最小词才可以在句法形式上携带宾语，而动补式非最小词则不可以。

（31）a. 摆齐桌子

b. * 摆整齐桌子

c. 把桌子摆齐 / 整齐

（32）a. 关严窗户

b. * 关严实窗户

c. 把窗户关严 / 严实

为什么只有当动补结构是最小词形式的时候才可以携带宾语呢？这涉及汉语的核心重音指派规则：主要动词为其后成分指派重音，而且只能指派一个重音。如果动词后面没有携带任何句法成分（如宾语或补语），那么就由动词自己承担重音，如（33a）所示，其中的动词“吃”的后面没有出现任何成分，因此重音落在“吃”上，结构合法。如果动词后面出现宾语，那么动词会将重音指派给这个宾语，由宾语来承担整个结构的重音，如（33b）所示，其中的动词“吃”的后面出现宾语“苹果”，重音由动词“吃”指派给宾语“苹果”，结构合法。如果动词后面出现补语，那么动词会将重音指派给这个补语，由补语来承担整个结构的重音，如（33c）所示，其中的动词“吃”的后面出现补语“下去”，重音由动词“吃”指派给补语“下去”，结构合法。然而，（33d）是个不合法的成分，原因在于动词“吃”的后面出现了两个成分，分别是“苹果”和“两个”，根据核心重音规则，动词“吃”只能指派一个重音给其后成分，如果将重音指派给“苹果”，那么“两个”就得不到重音，而“两个”位于句末是自然焦点所在，应该获得重音，因此产生了矛盾，导致结构不合法。

（33）a. 我吃

b. 我吃苹果

c. 我吃下去了

d.* 我吃苹果两个

同样道理，（31）中的“* 摆整齐桌子”和（32）中的“* 关严实窗户”之所以不合法，正是因为动词“摆”和“关”只能给其后的补语“整齐”和“严实”指派重音，而宾语“桌子”和“窗户”从动词那里是得不到重音的，然而，我们知道，宾语往往代表的是新信息，一般情况下是不能轻读的，此时又位于整个结构的末尾，应该承担自然重音，因此矛盾产生，结构不合法。

那么，有什么办法能够让动补结构带上宾语呢？通过上面的分析，我们知道，既然补语承担了动词指派的重音，而使得宾语得不到重音，那么，如果让补语得不到重音，动词不就可以将唯一的重音指派给宾语了吗？有什么办法可以取消补语获得重音的资格呢？唯一的办法就是使动词和补语整合成为一个成分，共同充当重音的指派者，一起为宾语指派重音，如（34）所示。[①] 那么，只有单音节的动词和单音节的补语组合在一起才能整合为一个成分，如“摆齐”“关严”等；单音节动词与双音节补语不可能

① 关于这一点，在第四章中还会有详细介绍。

整合为一个成分，因为双音节的补语自成音步，是一个独立的成分。因此我们说，能够带宾语的动补结构必须是一个最小词。①

（34）

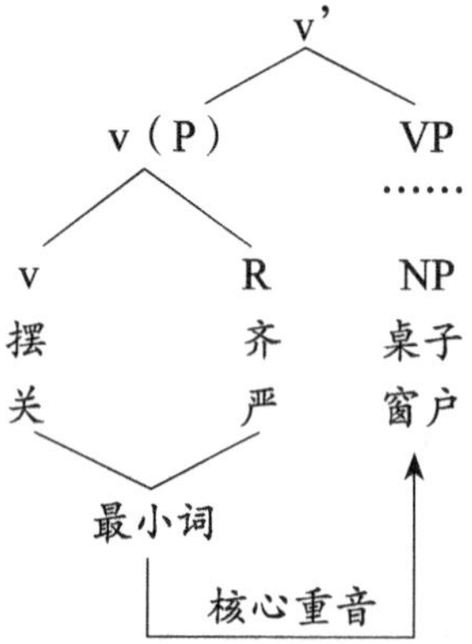

此外，跟动宾结构一样，双音节的动补式内部不可以再插入其他成分，而三音节的动补结构一般都可以拆开使用。如（35）所示，双音节动补式“增强”和“减弱”都不可以进行扩展，即不能扩展为“*增得很强”“*减得很弱”。而（36）中的“洗干净”和“说清楚”都可以再扩展为“洗得很干净”和“说得很清楚”。这也就是说，不仅在带宾语的问题上动补式有双音节和三音节的对立，在能否扩展的问题上仍然有此对立，这种对立即为最小词与非最小词的对立。

（35）a. 增强——*增得很强

b. 减弱——*减得很弱

（36）a. 洗干净——洗得很干净

b. 说清楚——说得很清楚

---

① 关于动补结构能否再带宾语的问题，董秀芳（1998）曾有过很好的论述。

前面提到过，三音节的动补结构虽然在语义上存在动作所涉及的对象，但是该名词性成分不能出现在结构的后面，只能通过“把”来引介，如（31）、（32）和下面的（37）所示：

（37）a. 绑结实——把绳子绑结实——* 绑结实绳子

b. 写通顺——把文章写通顺——* 写通顺文章

c. 想全面——把问题想全面——* 想全面问题

三音节的动补结构与三音节的动宾结构在不能携带宾语这一点上是一致的。如（38）所示，左侧一列是三音节的动补结构，右侧一列是三音节的动宾结构，二者都不可以携带宾语，动作所涉及的对象要想出现在结构中，必须通过介词（如“把”“跟”“给”等）来引介。三音节的动补结构与三音节的动宾结构不能携带宾语的原因是一样的：它们都是短语，不能整合为一个成分，即它们都是非最小词形式。

（38）a. * 想仔细问题　　* 开玩笑他

b. * 关严实窗户　　* 跑龙套他

c. 把问题想仔细　　跟他开玩笑

d. 把窗户关严实　　给他跑龙套

以上我们介绍了动补式最小词，动补式最小词与非最小词的区别在于前者可以携带宾语，而后者不可以；后者可以拆开使用，而前者不可以。在携带宾语的问题上，动补式最小词与动宾式最小词有相似之处：都是因为受到核心重音指派规则的制约，单音节动词与单音节宾语 / 补语必须整合为一个成分，才能为后面的宾语指派重音，也就是说，只有作为最小词形式，动补结构和动宾结构后面的宾语才能够获得重音，结构才能合法。单音节动词与双音节宾语 / 补语不可能整合为一个成分，因为双音节的宾语 / 补语自成音步，是一个相对独立的成分，独自承担由单音节动词指派的重音，而使得后面的宾语得不到重音而无法存在，整个结构也就不合法。由此可见，动宾式最小词和动补式最小词是韵律压制下的产物，是韵律制约句法的很好的体现。

三、动介式最小词

动介式最小词是指构成最小词的两个音节分别具有动词性质和介词性质。

通常 [动词+介词+名词性成分] 的组合多被分析为动补结构，即介词与名词性成分先组合为介宾短语，然后该介宾短语充当动词的补语，共同构成动补结构。如（39）所示，通常情况下，人们会把“摆在窗台上”“扔到垃圾桶里”“走向检票口”等分析为动补结构：介词“在”与方位短语“窗台上”构成一个介宾短语“在窗台上”，然后介宾短语“在窗台上”做动词“摆”的补语；介词“到”与方位短语“垃圾桶里”构成一个介宾短语“到垃圾桶里”，然后介宾短语“到垃圾桶里”做动词“扔”的补语；介词“向”与名词“检票口”构成一个介宾短语“向检票口”，然后介宾短语“向检票口”做动词“走”的补语。也就是说，[动词 + 介词 + 名词性成分] 的组合通常会被分析为 [动词 +[介词 + 名词性成分]介宾短语]动补短语。

（39）a. 花瓶摆在窗台上

b. 果皮扔到垃圾桶里

c. 老人走向检票口

但是，我们发现，当为这些动补结构添加时体标记的时候，时体标记只能添加在介词的后面，不能添加在动词的后面。如（40）和（41）所示，只能说“摆在了窗台上”“扔到了垃圾桶里”“走向了检票口”，而不能说“* 摆了在窗台上”“* 扔了到垃圾桶里”“* 走了向检票口”，也就是说，如果要添加时体标记“了”，只能添加在“摆”与“在”、“扔”与“到”、“走”与“向”之后而不是之间。这说明，此时，单音节动词（如“摆”“扔”“走”）与单音节介词（如“在”“到”“向”）已经组合为一个动介式的最小词（如“摆在”“扔到”“走向”），是一个独立的语法成分，整体具有动词的性质，可以携带宾语，因此其后的名词性成分也不再是以往所认为的介词的宾语，而是该动介式最小词的宾语。

（40）a. 花瓶摆在了窗台上

b. 果皮扔到了垃圾桶里

c. 老人走向了检票口

（41）a.* 花瓶摆了在窗台上

b. * 果皮扔了到垃圾桶里

c. * 老人走了向检票口

由此，我们可以通过添加时体标记的方法来确定动介式最小词的存在。动介式最小词的判定涉及动词与介词组合的重新分析，此时，动词与介词必须都是单音节的形式。也就是说，在[动词 + 介词 + 名词性成分] 的组合中，当动词和介词都是单音节的时候，结构不再分析为 [动词 +[介词 + 名词性成分]$_{\text{介宾短语}}$]$_{\text{动补短语}}$，而是要重新分析为 [[动词 + 介词]$_{\text{最小词}}$+ 名词性成分]$_{\text{动宾结构}}$。

四、助动式最小词

助动式最小词是指构成最小词的两个音节分别具有助动词性质和动词性质。助动词在有些语法著作里又称作“能愿动词”，是一类特殊的动词。单音节的助动词与单音节的动词可以构成助动式最小词。

如（42a）所示，“可靠”“可怜”“可疑”的第一个音节“可”具有助动词性质，第二个音节“靠”“怜”“疑”具有动词性质。（42b）中的“能”具有助动词性质，是一个单音节形式；第二个音节“说”“干”“产”等具有动词性质。这类最小词的第一个音节都不能再扩展，如（43）所示，“* 可以靠”“* 可以怜”“* 可以疑”以及“* 能够说”“* 能够干”“* 能够产”都是不合法的结构。虽然第二个音节可以扩展，如（44）所示，“靠”可以替换为“依靠”，“怜”可以替换为“怜悯”，“疑”可以替换为“怀疑”，“说”可以替换为“说话”，“干”可以替换为“干活”，“产”可以替换为“出产”，但替换后与原最小词有不同的句法表现。如（45）所示，助动式最小词都可以受程度副词“非常”“很”“极其”等的修饰，而 [1+2] 型的助动式则不可以，例如，可以说“非常可靠”“非常可怜”“非常可疑”“非常能说”“非常能干”“非常能产”，但是“* 非常可依靠”“* 非常可怜悯”“* 非常可怀疑”“* 非常能说话”“* 非常能干活”“* 非常能出产”都是不合法的。也就是说，助动式最小词可以转化为形容词性质，而 [1+2] 型的助动结构则不具备这种转化功能。

（42）a. 可靠、可怜、可疑

b. 能说、能干、能产

（43）a. * 可以靠、* 可以怜、* 可以疑

b. * 能够说、* 能够干、* 能够产

（44）a. 可依靠、可怜悯、可怀疑

b. 能说话、能干活、能出产

（45）a. 非常可靠——* 非常可依靠

b. 非常可怜——* 非常可怜悯

c. 非常可疑——* 非常可怀疑

d. 非常能说——* 非常能说话

e. 非常能干——* 非常能干活

f. 非常能产——* 非常能出产

由此，我们可以通过是否能受程度副词修饰这个标准来确立助动式最小词。助动式最小词可以受程度副词的修饰，而相应的非最小词形式则不可以，如“可依靠”“可怜悯”“可怀疑”等[1+2]型的助动式，甚至“可以依靠”“可以怜悯”“可以怀疑”等[2+2]型的助动词与动词的搭配也不可以再受程度副词的修饰。也就是说，单音节助动词与单音节动词的组合不但可以“词化”，而且还具备了性质转化的功能——助动式最小词具有形容词性质。

五、状动式最小词

状动式最小词是指构成最小词的两个音节之间是状动（状中）关系。其中，充当状语的单音节成分可以是名词性的，如（46a）中“航拍”的“航”和“电联”的“电”都是名词性的；也可以是形容词性的，如（46b）中“快跑”的“快”和“诚聘”的“诚”都是形容词性的；也可以是动词性的，如（46c）

中“哭喊”的“哭”和“试讲”的“试”都是动词性的；还可以是副词性的，如（46d）中“渐增”的“渐”和“互助”的“互”都是副词性的。

（46）a. 航拍、电联

b. 快跑、诚聘

c. 哭喊、试讲

d. 渐增、互助

这类状动式最小词的两个音节都不可以再扩展为 [1+2] 或是 [2+1] 的形式。如（47）所示，“航拍”不能扩展为 [2+1] 的“* 航空拍”，也不能扩展为 [1+2] 的“* 航拍摄”；“电联”不能扩展为 [2+1] 的“* 电话联”，也不能扩展为 [1+2] 的“* 电联系”；“快跑”不能扩展为 [2+1] 的“* 快速跑”，也不能扩展为 [1+2] 的“* 快奔跑”；“诚聘”不能扩展为[2+1]的“*诚挚聘”，也不能扩展为[1+2] 的“* 诚聘请”；“哭喊”不能扩展为 [2+1] 的“* 哭泣喊”，也不能扩展为 [1+2] 的“* 哭喊叫”；“试讲”不能扩展为 [2+1] 的“* 尝试讲”，也不能扩展为 [1+2] 的“* 试演讲”；“渐增”不能扩展为 [2+1] 的“* 渐渐增”，也不能扩展为 [1+2] 的“* 渐增长”；“互助”不能扩展为 [2+1] 的“* 互相助”，也不能扩展为 [1+2] 的“* 互帮助”。

（47）a. 航拍——* 航空拍——* 航拍摄

电联——* 电话联——* 电联系

b. 快跑——* 快速跑——* 快奔跑

诚聘——* 诚挚聘——* 诚聘请

c. 哭喊——* 哭泣喊——* 哭喊叫

试讲——* 尝试讲——* 试演讲

d. 渐增——* 渐渐增——* 渐增长

互助——* 互相助——* 互帮助

我们知道，汉语的状语一般都能在后面携带“地”，因此，“地”也被称为“状语标记”。因为有了“标记”，所以带“地”的状语往往是可以移动的，如（48）所示。“慢慢”做状语可以后带“地”，而且可以由动词前移到句首，如（48b）所示；也可以移到句尾，如（48c）所示。而状动式最小词则不可以这样，如（49）所示。“渐增”作为一个状动式最小词，其间不可以插入“地”，如（49b）所示；不可以移到句首，如（49c）所示；也不可以移动到句尾，如（49d）所示。要想插入“地”，只能将 [1+1] 型的状动式最小词扩展为 [2+2] 型的状中短语，如（50）所示。“渐渐增长”是一个 [2+2] 型的状中短语，状语“渐渐”可以携带“地”，如（50b）所示；携带“地”后可以移到句首，如（50c）所示；也可以移到句尾，如（50d）所示。

（48）a. 他慢慢地走了。

b. 慢慢地，他走了。

c. 他走了，慢慢地。

（49）a. 业绩渐增

b. * 业绩渐地增

c. * 渐地，业绩增

d. * 业绩增，渐地

（50）a. 业绩渐渐增长了。

b. 业绩渐渐地增长了。

c. 渐渐地，业绩增长了。

d. 业绩增长了，渐渐地。

另外，状动式最小词中的状语成分不能随便移动，相比之下，一般的状语则相对自由，如（51）所示。“互赠”是一个状动式最小词，其中的状语成分“互”不可以向前移动与其所修饰的动词性成分“赠”分开，如（51b）所示。而“互相赠送”则是一个状中短语，状语“互相”相对自由，可以移动到其他状语之前与其所修饰的动词性成分“赠送”相分离，如（52b）所示。

（51）a. 他们决定再也不互赠礼物了。

b. * 他们决定互再也不赠礼物了。

（52）a. 他们决定再也不互相赠送礼物了。

b. 他们决定互相再也不赠送礼物了。

McCawley（1998）根据状语所修饰的成分将状语分为三类，分别是动词的状语、动词短语的状语和句子的状语。在（53）中，状语 Adv_1 修饰的是一个动词 V，是动词的状语；Adv_2 修饰的是一个动词性短语 VP，是动词短语的状语。在（54）中，Adv_3 修饰的是一个句子 S，是句子的状语。这三类状语在句法位置、移动范围和语义辖域（scope）等方面都与其所修饰的成分有关：动词状语的移动范围在动词支配（dominate）范围内，动词短语状语的移动范围在动词短语的支配范围内，句子的状语的移动范围在句子的支配范围内。因为状动式最小词中的状语成分只能出现在动词前，所以作为动词的状语不可以移动。也就是说，汉语 [1+1] 型的状动式只能以最小词的形式存在。

（53）
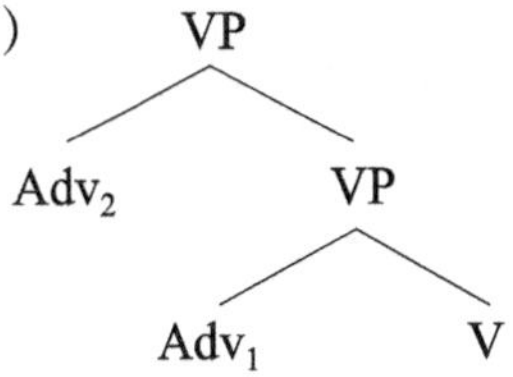

（54）
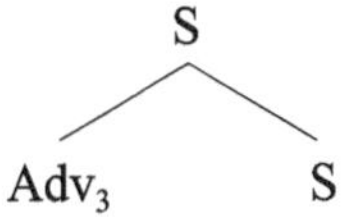

[被 + 单音节动词] 的组合也可以看作状动式的一个特殊形式。如（55）所示，其中的“被抓”“被改”“被拆”是双音节的最小词形式，其间不能再插入其他成分（如施事成分）；如（56）所示，一旦 [被 +V][①] 式中间插入了施事成分，结构就不再合法：“* 被警察抓”“* 被网民改”“* 被政府拆”都是不合法的结构。然而，[被+VV]的组合则可以在其中插入施事成分而结构依然合法，如（57）和（58）所示，“被抓获”“被篡改”“被拆除”是三音节的 [被 +VV] 形式，其间可以插入施事成分而不影响结构的合法性：“被警察抓获”“被网民篡改”“被政府拆除”都是合法的结构。根据“词汇完整性原则”，词的内部不可以再进行任何短语层面的句法运作，最小词 [被 +V] 之间有的时候不可以插入施事成分，而非最小词 [被 +VV] 则没有这方面的要求。这说明，当“被”与单音节动词组合时具有词化的可能，而“被”与双音节动词的

① 此处，“V”代表单音节动词，下面的“VV”代表双音节动词。

组合则永远都只是短语。

（55）a. 强盗被抓

b. 内容被改

c. 违章建筑被拆

（56）a. * 强盗被警察抓

b. * 内容被网民改

c. * 违章建筑被政府拆

（57）a. 强盗被抓获

b. 内容被篡改

c. 违章建筑被拆除

（58）a. 强盗被警察抓获

b. 内容被网民篡改

c. 违章建筑被政府拆除

由此，我们从状语能否携带状语标记、能否移动等方面对状动式最小词进行了判定：状动式最小词是“词”的形式，因此其间不能插入“地”，即单音节的状语性成分不可以携带状语标记“地”；状动式最小词的单音节状语成分修饰的是单音节动词性成分，是动词的状语，因此不能随意移动而与动词分离。[被 +V] 可以看作一类特殊的状动式最小词，其间不可以再插入施事成分，说明 [被 +V] 式的最小词已经“词化”了。

六、形名式最小词

形名式最小词是指构成最小词的两个音节分别是形容词性和名词性的，其中每个音节都不可以再扩展。如（59）所示，其中的“红花”“绿叶”“高山”“矮墙”“小兵”是形名式最小词，其中的形容词性成分不可以再受程度副词修饰。例如，“红”是形容词性的，原本可以受程度副词“很”的修饰，但是在“红花”中，“红”就不能再受“很”修饰，不能说“* 很红花”；“绿叶”也一样，不能说“* 很绿叶”；“高山”不能说“* 很高山”；“矮墙”不能说“* 很矮墙”；“小兵”不能说“* 很小兵”。同时，名词性成分也不可以扩展为双音节形式。例如，“花”与“花朵”、“叶”与“树叶”、“山”与“山脉”、“墙”与“墙壁”、“兵”与“士兵”在语义上没有什么差异，但不能说“*红花朵”“*绿树叶”“* 高山脉”“* 矮墙壁”“* 小士兵”。

（59）a. 红花——* 很红花——* 红花朵
　　　b. 绿叶——* 很绿叶——* 绿树叶
　　　c. 高山——* 很高山——* 高山脉
　　　d. 矮墙——* 很矮墙——* 矮墙壁
　　　e. 小兵——* 很小兵——* 小士兵

这里我们主要来看“形名组合”中的“形”受程度副词修饰的问题。其实，不仅是（59）所列出的形名式最小词中的形容词性成分不可以受程度副词“很”等的修饰，就算是非最小词形式，只要没有定语标记“的”出现，其中的形容词性成分就不大可能接受程度副词的修饰，如（60）所示。从这个角度讲，这类形名式组合也应该看作是复合词（compound）。我们在前面已经多次提到过，根据“词汇完整性原则”，词的内部不能再进行任何句法操作。“形名组合”中的“形”不能再受程度副词的修饰，说明“形名组合”已经是词了，从这个角度讲，（59）中的形名式最小词与（60）中的形名组合似乎都应该分析为词。

（60）a. 聪明学生——* 很聪明学生

b. 漂亮衣服——* 很漂亮衣服

c. 大房子——* 很大房子

d. 小汽车——* 很小汽车

实际上，（60）中所列的“词”与（59）中所列的最小词有很大的区别。我们知道，定中结构允许有多层定语，当多个定语共现的时候，其排列顺序有一定的规律可循。例如，表示“大小”的修饰语必须放在表示颜色的修饰语之前，如（61）所示，“大盘子”“小雨伞”“大狗熊”“大萝卜”“小番茄”等前面不能再受颜色词修饰，如“* 白大盘子”“* 红小雨伞”“* 黑大狗熊”“* 白大萝卜”“* 绿小番茄”都是不合法的结构，如果一定要携带表示颜色的定语，那么颜色词只能出现在表示大小的定语之后，例如，只能说“大白盘子”“小红雨伞”“大黑狗熊”“大白萝卜”“小绿番茄”。

（61）a. 大盘子——* 白大盘子——大白盘子

b. 小雨伞——* 红小雨伞——小红雨伞

c. 大狗熊——* 黑大狗熊——大黑狗熊

d. 大萝卜——* 白大萝卜——大白萝卜

e. 小番茄——* 绿小番茄——小绿番茄

然而，最小词形式在此方面的表现正好相反，如（62）所示，“大米”“小豆”“大汉”“大褂”“小葱”是形名式最小词，如果要受颜色词修饰，颜色词只能出现在最小词的前面，而不能插在中间，如只能说“白大米”“红小豆”“黑大汉”“白大褂”“绿小葱”，而不能说“* 大白米”“* 小红豆”“* 大黑汉”“* 大白褂”“* 小绿葱”。也就是说，形名式最小词要求表示颜色的词语放在表示大小的词语之前。“大盘子”和“大米”对定语顺序的要求正好相反，这说明二者应该是不同的。

（62）a. 大米——白大米——* 大白米

b. 小豆——红小豆——* 小红豆

c. 大汉——黑大汉——* 大黑汉

d. 大褂——白大褂——* 大白褂

e. 小葱——绿小葱——* 小绿葱

前面说了，[1+2] 式的形名组合“大盘子”和形名式最小词“大米”都不能受程度副词“很”的修饰，说明二者应该都是“词”，而非“短语”。但是，“大盘子”和“大米”对定语顺序的要求又恰好是相反的，说明二者又有明显的不同。如何来解释二者的区别？

唯一的解释就是“大米”“小豆”“大汉”“大褂”“小葱”等不仅是最小词，也是词汇词，于是其中的“大”与“小”均可分析为该词的一部分。既然是词，那么当它们被颜色修饰语修饰的时候，就不会受 [大小→颜色] 这种词序规则的干涉，因为根据词汇完整性原则，词序规则不能干涉词汇内部的成分。如果形名式最小词是词汇词，那么 [1+2] 式的形名组合又是什么？前面曾提到 [1+2] 式的形名组合是词，因为它不能再受程度副词的修饰，如“大盘子”不能说成“* 很大盘子”（只能说“很大的盘子”）。但是“大盘子”与“大米”又有区别，“大米”是词汇词，可以不受 [大小→颜色] 这一词序规则的约束，而“大盘子”必须受此约束，因为不能说“* 白大盘子”，而必须说成“大白盘子”。那么，我们可以得出结论，[1+2] 式的形名组合是词，但不是词汇词，我们可以称其为“句法词”。

那么，什么是词汇词和句法词？如何对二者加以区分？可以参见本套“汉语韵律语法丛书”之《汉语的句法词》（庄会彬）。这里只简要说明：词汇词就是根据构词法产生的词，而句法词则是通过句法运作而产生的词。也就是说，词汇词是词法（morphology）的结果（包括经固化而词化的形式），句法词是句法（syntax）的产物。词跟词的组合，在句法上既可以构成短语 XP，如（63）所示；也可以构成词 X^0，如（64）所示。

（63）
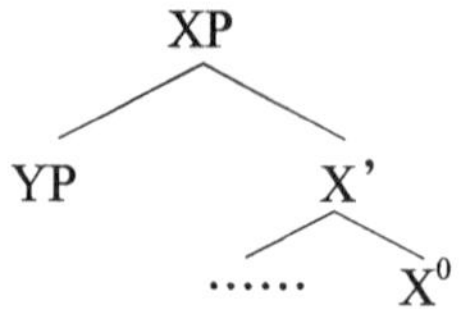

（64）
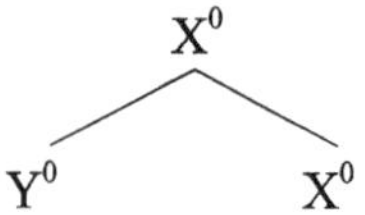

具体以“红的花”和“红花”为例，“红的花”的结构如（65）所示，其中“红”是短语（AP）；“红花”的结构如（66）所示，其中“红”是词（A^0）。也就是说，在“红的花”中，“红”是名词短语（NP）“花”的修饰语；而在“红花”中，“红”是名

词（N^0）“花”的修饰语。正因为“红花”的“红”是名词的修饰语，因此丧失了自身的句法功能，不再受程度副词“很”等的修饰。

（65）

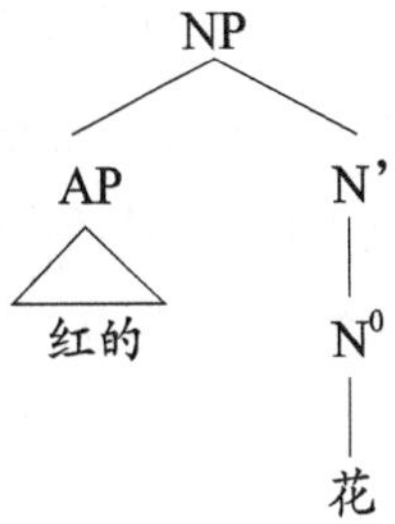

（66）

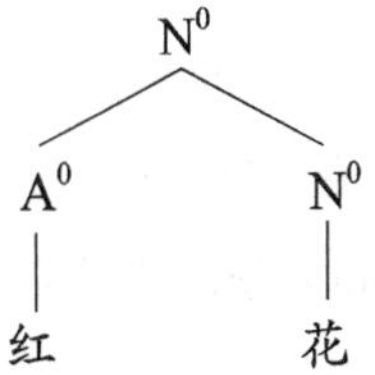

上述区别也正是“大盘子”与“大的盘子”的区别所在：前者是词，后者是短语。那么，如果“大盘子”是词，怎么与“大米”相区别呢？前面说过，“大盘子”不能说成“* 白大盘子”，但是“大米”可以说成“白大米”。因此，即使二者都是词，也不可能是同一性质的词。“大米”“小豆”“大汉”“大褂”“小葱”等不受句法语序规则的控制，可以不受程度副词修饰，可以违背[大小→颜色→名词]这一句法语序规则，它们是词汇词。而“大盘子”“小雨伞”“大狗熊”“大萝卜”“小番茄”等[1+2]式的形名组合一方面不能受程度副词修饰，另一方面则可以为词序规则[大小→颜色→名词]所控制，因此这类形名组合具有“词”与“语”的双重特性：就其不能受程度副词修饰的特点而言，它们是词；

而就其能为 [大小→颜色→名词] 词序规则支配的特征而言，它们是短语。

[1+2] 式的形名组合的结构，以“大盘子”为例，如（67）所示，是 A^0（“大”）附加于 N^0（“盘子”）之上的句法运作。因为是句法运作，所以必须遵循相关的句法规则。也正因为如此，“大盘子”会受到 [大小→颜色→名词] 这一句法语序的制约，不能说“* 白大盘子”而要说成“大白盘子”，因为“* 白大盘子”违背了句法所要求的基本语序，即多个定语共现时，表示“大小”的修饰语必须放在表示“颜色”的修饰语之前。另外需要注意的是，这种句法运作与一般的句法运作不同，如（67）所示，最后得到的结果是 N^0，是词而不是短语。这就是为什么“大盘子”等 [1+2] 式的形名组合不能受程度副词修饰的根本原因。

（67）
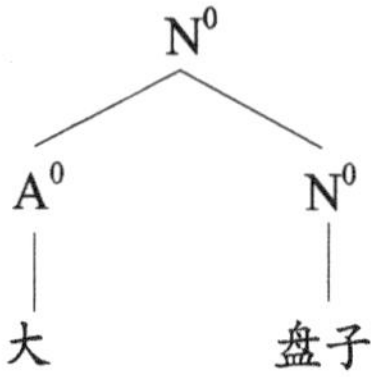

以上我们介绍了汉语形名式最小词的特征。形名式最小词不能再受程度副词的修饰，不再遵守 [大小→颜色→名词] 的句法语序规则，是词汇词的形式。而非最小词形式 [1+2] 式的形名组合，同样不能再受程度副词的修饰，但要遵守 [大小→颜色→名词] 的句法语序规则，是句法词的形式。由此可见，汉语中不仅有韵律词，而且有句法词与词汇词。韵律词、句法词、词汇词，三者的判定与区别不仅有切实的理论依据，而且有坚实的实践基础。

思考与练习

1. 分析下列最小词的格式。

慢慢　嗯哪　鲸鱼　木头　白费

椅子　人人　乌龟　好哇　老虎

提高　关心　可恶　暂定　小辫儿

熬红　负责　可耻　大鳖　骤减

2. 分析下列结构的异同。

（1）a. 强盗被捕了。

b. 强盗被捕获了。

（2）a. 小张年轻。

b. 小张年纪轻。

3. 仔细观察身边的语言材料，想一想除了可以从节律和句法上为最小词分类之外，还有没有其他的分类方法。

4

第四章

最小词的效应

在了解了什么是汉语的最小词以及最小词的种类之后，本章将介绍最小词的意义和作用。我们在第一章中已经对这方面内容作了一些简单的介绍，认为最小词的确立为我们区分词和短语提供了新的视角，最小词的确立还可以促发一系列的句法运作。那么，下面我们就详细展开，讨论最小词的效应，看看确立最小词对我们进行词汇、语法等方面的分析到底有哪些好处。

第一节　最小词与词汇词有什么区别

我们知道，最小词是从韵律层面来说的，而这里所谓的“词汇词”是指我们通常在词汇学的框架下谈论的“词”，即“最小的能够独立运用的有音有义的语言单位”。这一概念涉及“最小”的说法，此处的“最小”不同于韵律构词学中“最小词”的“最小”。在传统“词”的定义下，“最小”这个概念是模糊的：多小算“最小”？单音节词，如“山”“水”“人”“口”“手”等，一定是最小的。双音节词也是存在的，如“桌子”“雪白”“学习”“我们”“非常”等，也被看作是词，即“最小”。有的时候，双音节所表达的结构又可能不是“最小”的，如“吃饭”“喝醉”“三个”“很高”“在家”等，常被看作短语而不是词，我们知道，短语是比词高一级的语法单位，因此它肯定不是“最小”的。也就是说，在传统语法学中，双音节形式既可以是“最小”的，也可以是“非最小”的，有时候是“最小”的，有时候又不是“最小”的。可见，此处的“最小”存在着一定的模糊性。甚至还有三音节的词（如“奥地利”）、四音节的词（如“圣地亚哥”）、五音节的词（如“加利福尼亚”）和七音节的词（如“布宜诺斯艾利斯”）等，这些多音节词按照传统“词”的概念来讲都是“最小”的。

相比之下，韵律词的规定比传统的“词”的规定要严格得多。因为对韵律词来说，“最小”这一概念十分明确：最小不能小于一个音步。在第一章中，我们介绍了韵律概念层级，在这一韵律概念层级中，音步的下级单位是音节，上级单位是韵律词。音步是由音节构成的，而韵律词是由音步实现的。那么，“最小”的韵律词自然是由一个音步实现的。第二章介绍自然音步的时候，我们说过，单音节不能自成音步，汉语的标准音步是双音节形式。也就是说，在自然音步条件下，音步至少是双音节的。由此可以推断出双音节形式必然是“最小”的形式，即最小词必然是双音节的。因此，韵律构词系统中所涉及的“最小”的概念更加简单而明确：不会多于两个音节，也不会少于两个音节。

既然双音节形式都可以看作最小词，那么，韵律上的最小词包括了语法学中的双音节词和双音节短语。即，不但“桌子”“雪白”“学习”“我们”“非常”等是最小词，而且“吃饭”“喝醉”“三个”“很高”“在家”等也可以是最小词。我们在第四章中谈到动宾式最小词的时候说过，没有接受过语言学训练的以汉语为母语的人常常会把双音节短语看作是词，这是符合母语者语感的，而这一语感正印证了最小韵律词的存在。

最小韵律词的提出，可以帮助我们重新考虑为什么在汉语语法学中“词”跟“短语”如此难划分。有些短语像词，有些词又像短语。根据最小词的定义，无论是词还是短语，只要满足两个音节就是韵律词。短语（如“念书”）之所以像词，是因为它们本身是最小词；词（如“担心”）之所以像短语，是因为它们本身就是在短语的树形结构上实现的，因而保留了短语的性质。最小词的概念比传统的“词”的概念更加符合汉语的实际情况，如果从最小词的角度来观察汉语的构词法，词跟短语的区分就显得并不是那么重要了：因为汉语如果以最小词为基本的使用单位，那么，人们关注的就只是音节数量的问题（即双音节形式，不可以多也不可以少），而不管它是词还是短语。我们认为，“最小韵律词”正是汉语里可以自由独立运用的最小单位的形式标志。当然，我们前面也提到过，单音节词一定是最小的，比“最小韵律词”还要小，因为最小词由两个音节组成，而两个音节当然大于一个音节。但是我们知道，在现代汉语中，双音节形式占据主要地位，而单音节形式在使用中常常会受到很多限制。比如，单音节词在使用中常常要跟其他的词汇构成一个音步。我们在第三章的学习中了解到，汉语的自然音步是不允许单音节“挂单”的，即单音节不能独自成音步，必须与邻近的音节组合成一个音步，如“酸甜苦辣咸”的音步组合形式是 [2+3]，从左至右两个音节、两个音节地数音步分别得到“酸甜”“苦辣”“咸”，而单音节“咸”不能自成音步，必须并入前面的音步“苦辣”，从而形成 [酸甜 / 苦辣咸] 的 [2+3] 韵律模式。当然，我们在前面也谈到过，在非自然音步中，或是单音节词单独用来回答问题的时候，似乎单音节可以独自形成音步。但需要注意的是，此时，独自形成音步的单音词一般都会有较大停顿或是延长，也就是说，可以通过拖长元音的方式使一个音节的长度达到通常情况下的两个音节的长度，即变成最小韵律词以后才能独立使用。例如，对问题“好不好？”的肯定回答“好！”一定比“好人”中的“好”要长。“好人”自成音步，是一个双音节的最小词，而用于回答问题的独词句“好！”则会通过拖长元音的方式达到一个音步的长度。因此，单音节词的存在与“最小韵律词是汉语中可以自由独立运用的最小单位”的说法并不矛盾。

在第三章里，我们介绍过动宾式最小词和动补式最小词都可以携带宾语，助动式最小词可以受程度副词（如“非常”）的修饰，等等，这些从韵律角度观察到的现象都可以看作区分词与短语的标准。例如，动宾结构和动补结构只有是双音节形式的时候才能够携带宾语，说明此时它们是词的形式，尽管其中可能有词汇词和句法词的区别；而三音节（或以上）的动宾式和动补式则只能是短语，而不是词。助动式最小词可以受程度副词的修饰，说明这类最小词已经转化为形容词性质，是词的形式；而相对应的非最小词形式则不可以受程度副词修饰，不会发生性质的转变，只能是短语。

双音节形式实际上兼有两个层面的属性：既可以作为句法层面的单位，又可以作为韵律层面的单位。在句法层面，双音节形式有时会被分析为短语，有时会被分析为词；在韵律层面，双音节形式只能被分析为最小词。因此，双音节形式较为复杂，是句法、词法与韵律三个层面交互作用的结果。如下图所示，无论是句法层面的短语，还是词，或是之间的过渡成分，一律对应韵律层面的韵律词。因此，有了韵律这个层面，词与短语的区别乃至词和短语之间的过渡状态都可以得到更好的分析和解释。[①]

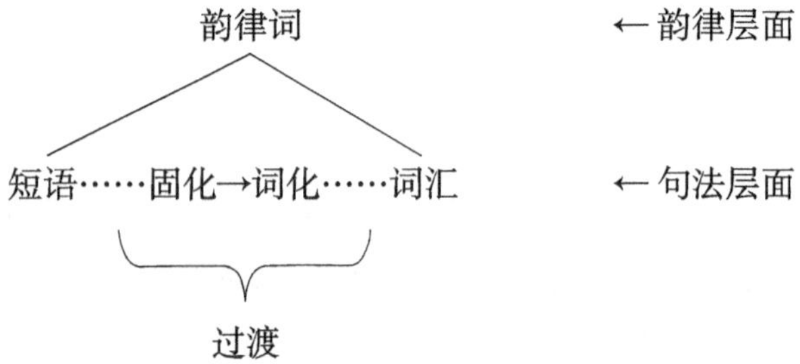

因此我们说，最小韵律词的确立符合说汉语的人的“词感”。韵律上的“最小”指的就是双音节形式，不可以比双音节更大，也不会比双音节更小。韵律上的“最小”相对于语法上的“最小”更加清晰和简单。最小词的确立可以为词和短语的区分提供新的研究视角和思路。

第二节　最小词如何促发句法运作

在第三章介绍最小词类型的时候，我们谈到过，动宾结构和动补结构要想后接宾语，必须是最小词形式。如（1）所示，“讲学”“夺冠”“负责”都是动宾式最小词，其后可以携带宾语：“讲学北师大”“夺冠世界杯”“负责这项工程”；相应地，“讲语言学”“夺冠军”“负责任”都是动宾短语，后面不可以再携带宾语，

① 关于这一点，冯胜利（2001）有详细的论述。

即“* 讲语言学北师大”“* 夺冠军世界杯”“* 负责任这项工程”都是不合法的结构。同样，如（2）所示，“喝干”“铺平”“想透”都是动补式最小词，后面可以再出现宾语成分：“喝干杯中酒”“铺平床单”“想透这个问题”；而“喝干净”“铺平整”“想透彻”是动补短语，后面不可以再携带宾语，即“* 喝干净杯中酒”“* 铺平整床单”“* 想透彻这个问题”都是不合法的结构。上述现象实际上反映了最小词对句法运作的影响。

（1）a. 讲学北师大——* 讲语言学北师大

b. 夺冠世界杯——* 夺冠军世界杯

c. 负责这项工程——* 负责任这项工程

（2）a. 喝干杯中酒——* 喝干净杯中酒

b. 铺平床单——* 铺平整床单

c. 想透这个问题——* 想透彻这个问题

首先来看动宾式最小词带宾语的现象。如（1）所示，“讲学北师大”，有人可能会认为是省略了介词“于”而形成的，即“讲学北师大”来自于“讲学于北师大”中“于”的省略。包括“夺冠世界杯”也是如此，可以看作是“夺冠于世界杯”省略了“于”而形成的。这么说不是没有道理，我们知道介词“于”属于文言词汇，常用于汉语的书面语中，因此，说上面的形式是“于”的省略也是有据可循的。但是，如果这样解释的话，（1c）总不能说“负责这项工程”也是省略“于”而形成的吧？“负责这项工程”是“对这项工程负责”的意思，跟介词“于”没有任何关系。现代书面语里还有如（3）所示的说法，“备战奥运会”

和“挑战美国队”也不大可能说是因为“于”的省略而形成的：“备战奥运会”是“为奥运会备战”的意思，“挑战美国队”是“向美国队挑战”的意思，都跟介词“于”没有关系。

（3）a. 备战奥运会

b. 挑战美国队

有什么样的意思就有什么样的结构。[①]“在北师大讲学”可以看作“讲学北师大”的原始（或底层）结构，“在世界杯（比赛中）夺冠”可以看作“夺冠世界杯”的原始结构，“对这项工程负责”可以看作“负责这项工程”的原始结构，“为奥运会备战”可以看作“备战奥运会”的原始结构，“向美国队挑战”可以看作“挑战美国队”的原始结构。

（4）a. 讲学北师大——在北师大讲学

b. 夺冠世界杯——在世界杯（比赛中）夺冠

c. 负责这项工程——对这项工程负责

d. 备战奥运会——为奥运会备战

e. 挑战美国队——向美国队挑战

这些“原始结构”如（5）所示，我们把“在”“对”“为”“向”等介词看作轻动词，当这些介词不出现，即轻动词为空的时候，“讲学”“夺冠”“负责”“备战”“挑战”等动宾式最小词向上提升，移至轻动词位置，从而得到“讲学北师大”“夺冠世界杯”“负责这项工程”“备战奥运会”“挑战美国队”等结构。

① 严格地说，有什么样的语体就有什么样的结构。参见冯胜利（2012）。

（5）

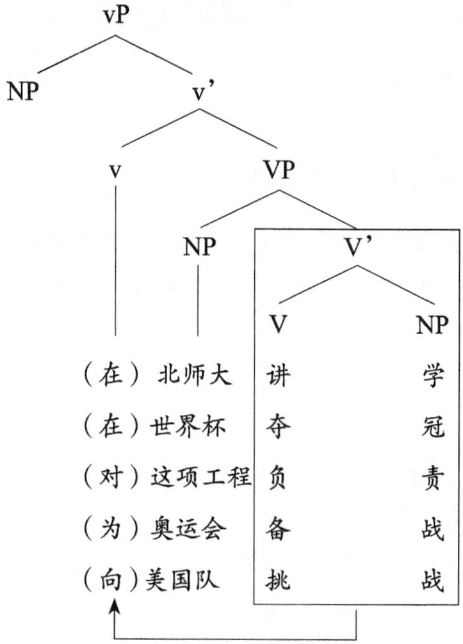

那么，我们的问题是：为什么“讲语言学”“夺冠军”“负责任”等不能移入轻动词位置得到“* 讲语言学北师大”“* 夺冠军世界杯”“* 负责任这项工程”等结构？通过前几章的介绍，我们知道，三音节的动宾结构是非最小词形式，也就是短语形式，因此无法进行“词”的运作。轻动词位置是中心语（head）位置，要求移入的成分也必须是一个中心语，因此，“讲语言学”“夺冠军”“负责任”等要移入轻动词位置的话，也只能是动词中心语“讲”“夺”“负”的移位，而不能是整个三音节短语的移位。为什么最小词可以移入轻动词位置？因为最小词是词的形式，可以作为一个整体来进行移位运作。

另外，动宾式最小词移位后得到的结构也符合核心重音规则

（Nuclear Stress Rule）。“核心重音规则”的内容如（6）所示：

（6）核心重音规则

$[X \quad Y]_C$

若 C 是短语，则 Y 相对较重。

根据这一规则，最小词作为一个整体可以为其后的宾语指派核心重音，如（7）所示，整个结构轻重对称、韵律和谐，是合法的结构。

（7）

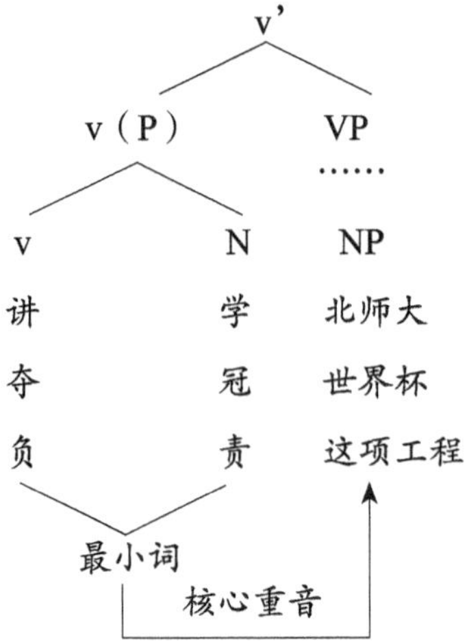

相反，三音节的动宾结构即使可以进行移位操作，得到的结果也是轻重不对称、韵律不和谐的，不符合“核心重音规则”，最终也会被淘汰掉。如（8）所示，根据“核心重音规则”，“* 讲语言学北师大”中的“北师大”和“语言学”都需要获得重音，而动词只能指派一个重音，“讲”把核心重音指派给“语言学”就不会再有多余的重音给“北师大”了，“北师大”需要重音而又无从获得重音，导致整个结构不合法。“* 夺冠军世界杯”和

"* 负责任这项工程"不合法的原因也是一样的。

（8）
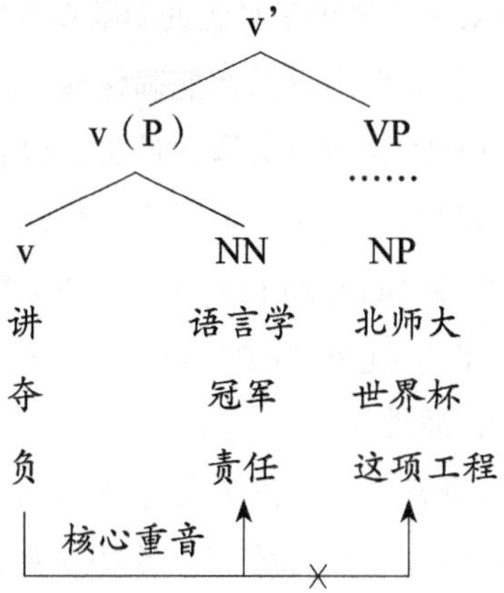

因此我们说，只有当动宾结构是最小词形式的时候才能促发句法的移位运作，得到的结果才符合核心重音规则。同样，最小词与句法移位的交互作用还可以推演到动补结构中来。我们在第三章介绍动补式最小词的时候说过，动补式最小词可以携带宾语，而非最小词（短语）则不可以。如（9）所示，"喝干""铺平""关严""摆齐""打牢""写通"作为动补式最小词可以携带宾语，而相应的非最小词"喝干净""铺平整""关严实""摆整齐""打牢固""写通顺"则不可以。

（9）a. 喝干杯中酒——* 喝干净杯中酒

b. 铺平床单——* 铺平整床单

c. 关严了窗户——* 关严实了窗户

d. 摆齐了桌子——* 摆整齐了桌子

e. 打牢了基础——* 打牢固了基础

f. 写通了文章——* 写通顺了文章

上述动补式最小词携带宾语的问题无论是从韵律结构还是从句法结构来看，与动宾式最小词携带宾语的问题在本质上是一样的：动补结构必须是一个最小词形式才能确保移位操作的顺利进行。同样，非最小词形式的动补结构携带宾语也会涉及不符合“核心重音规则”的问题。如（10）所示，根据“核心重音规则”，宾语（名词性短语 Noun Phrase，简称 NP）和结果补语（Resultative，简写为“R”，此处“RR”表示双音节形式的结果补语）都需要获得重音，而动词（v）将重音指派给补语以后，就没有能力再为宾语指派重音了，宾语需要重音而无处获得重音，因此导致整个结构不合法。所以我们说，要想携带宾语，动补结构首先必须是一个最小词。

（10）

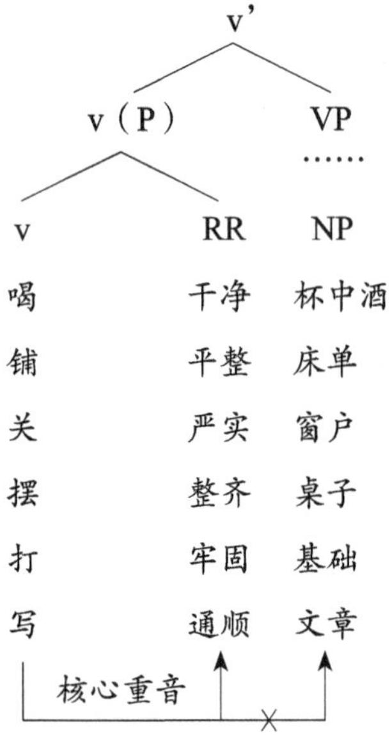

至此，我们可以对动宾式最小词和动补式最小词携带宾语的现象做出统一的解释，如（11）所示，只有当动宾结构或动补结

构为最小词的时候，向轻动词位置的移位才有可能发生，携带宾语的情况才有可能实现。

（11）

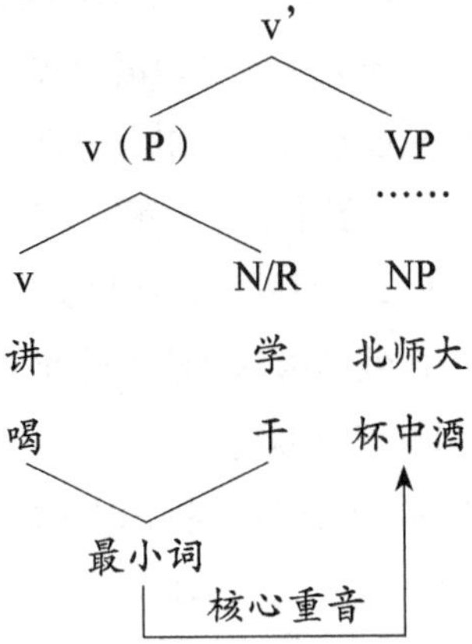

这一节，我们介绍了最小词对句法运作的影响。从动宾式最小词和动补式最小词携带宾语的现象入手，我们可以看到最小词对句法移位的促发作用：只有当动宾结构和动补结构是最小词的时候，移位才有可能发生。

第三节 最小词与词化有什么关系

其实，我们在前面谈到的动宾式最小词和动补式最小词可以携带宾语，而相应的非最小词形式不可以携带宾语的问题就已经涉及"词化"现象。动宾结构和动补结构只有成为最小词才能作为一个整体为其后面的宾语指派重音。例如，"讲学"作为一个整体为宾语"北师大"指派重音，"讲学北师大"是一个合法的结构；"喝干"作为一个整体为宾语"杯中酒"指派重音，"喝干杯中酒”是一个合法的结构。这说明，“讲学”“喝干”已经是一个“词”了，因此可以作为一个整体为其后成分指派重音；而“* 讲语言学北师大”“* 喝干净杯中酒”都是不合法的结构，正是因为“讲语言学”“喝干净”不是词，是短语形式，因此不能作为一个整体来指派重音，而只能是“讲”作为一个动词为“语言学”指派重音，“喝”作为一个动词为“干净”指派重音。“北师大”“杯中酒”因为没有得到重音的机会，所以无法在“讲语言学”“喝干净”的后面存在，以致结构不合法。除此之外，还有一些关于最小词的现象涉及“词化”问题。

[动 + 介 + 宾]（[V+P+NP]）结构，我们在前面也提到过，通常情况下，[V+P+NP] 结构的句法分析如（12）所示，介词通常与名词性成分先组合为一个介宾短语，然后该介宾短语充当动词的补语。但当动词和介词均为单音节时就无法解释如（13）所示的语法现象：为什么“了”必须放在 [V+P] 的后面而不是之间？即“放在”只能说“放在了”而不能说“* 放了在”，“踩到”只能说“踩到了”而不能说“* 踩了到”，“开往”只能说“开往了”而不能说“* 开了往”。我们知道，宾语的重音是由动词指派的，而不是介词，因此在（12）的结构分析中，NP 是介词的宾语，没有办法获得动词指派的重音。[①] 因此，单音节动介组合需要重新分析为（14）所示的结构，此时，单音节动词与单音节介词组合为一个最小词的形式，是一个独立的语法成分，可以直接带上动词标志“了”，属于动词的范畴，可以为其宾语 NP 指派重音。

① 试比较“a. 坐飞机到北京”和“b. 坐到北京”，例 a 和例 b 中的“到北京”都出现在句末，但前者的“到”是动词，后者的“到”是介词。因此，例 a 中“北京”的重音由动词“到”指派。

（12）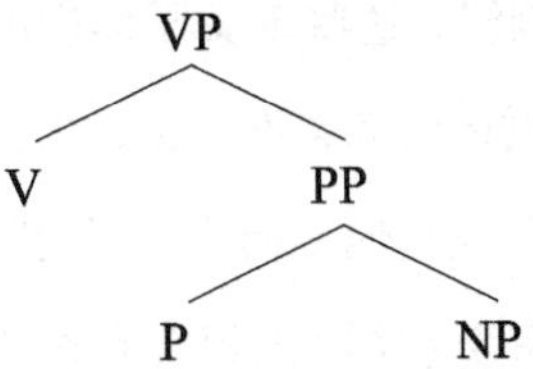

（13）a. 放在桌子上——放在了桌子上——* 放了在桌子上

b. 踩到线上——踩到了线上——* 踩了到线上

c. 开往北京——开往了北京——* 开了往北京

（14）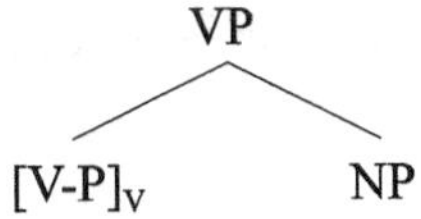

同样，助动式最小词、状动式最小词以及形名式最小词也涉及“词化”的问题，有些现象我们在第三章介绍最小词类型的时候已经提到过了。例如，我们说助动式最小词（如“可信”“能产”）可以受程度副词“很”“非常”等的修饰（如“很可信”“非常能产”），而相应的非最小词形式（如“可信任”“能生产”）则不可以（如“* 很可信任”“* 非常能生产”），这说明助动式最小词已经词化了，只有词化以后才具有功能转变的可能，即从动词性转为形容词性。状动式最小词内部不能插入状语标记“地”，如“白费”不能说成“* 白地费”；而相应的非最小词形式则可以，如“白白浪费”可以说成“白白地浪费”。另外，状动式最小词中状语部分不能再随意地移动而远离中心语，如我们只能说“又白费了一张纸”，而不能说“* 白又费了一张纸”；而相应的非最小词形式则可以，如我们可以说“又白白浪费了一张纸”，也可以说“白白又浪费了一张纸”。这些现象同样说明，状动式最小词已经词化了，因此要遵循词汇完整性原则，内部不能再插入其他成分（如状语标记“地”或其他副词等）。“被”字句也有类似的现象。我们把 [被 + 单音节动词] 的组合看作状动式最小词的一类特殊形式，在 [被 + 单音节动词] 的组合中，“被”与单音节动词之间有的时候不可以插入施事，如（15）所示，只能说“被抓”而不能说“被警察抓”。也就是说，当“被”与单音节动词构成一个最小词的时候，其内部有时不可再插入成分，此时，最小词作为一个整体承担全句的重音，如（15）中的“被抓”作为一个最小词位于结构末尾承担重音。如果最小词内部插入了施事成分，如“被警察抓”，那么“抓”作为一个独立的动词承担重音，根据“核心重音规则”，“抓”要重于“被警察”，但实际上三音节的“被警察”一定要重于单音节的“抓”，因此产生了矛盾，结构不合法。而 [被 + 双音节动词] 的组合则不存在这样的问题，因为该结构本身就是一个短语的形式，其内部可以任意插入施事，而且此时双音节动词是一个最小词，可以承担整个结构的重音。如（16）所示，既可以说“被抓获”也可以说“被警察抓获”，“抓获”作为一个最小词位于结构末尾承担整个结构的重音。

（15）a. 强盗被抓

b. * 强盗被警察抓

（16）a. 强盗被抓获

b. 强盗被警察抓获

上述现象说明，“被”作为一个单音节形式可以与单音节的动词组合为一个最小词，最小词的内部有时不可以再插入其他成分（如施事）；而“被”与双音节动词的组合则是一个短语的形式，其内部可以插入施事成分。因此，“被”与单音节动词的组合跟“被”与双音节动词的组合的对立在于：所有的［被＋双音节动词］形式都可以插入施事成分，而有的［被＋单音节动词］形式则排斥施事成分的插入。我们知道，根据“词汇完整性原则”，词的内部是不能再进行任何句法运作的，由此可见，只有当“被”与单音节动词组合时才具有词化的可能。

形名式最小词更是如此。我们在前面提到过，定中短语中，当表示大小和表示颜色的定语同时出现的时候，表示大小的定语要放在表示颜色的定语的前面。例如，“苹果”要想同时受表示大小的定语“大”和表示颜色的定语“红”修饰的话，只能说成“大红苹果”，而不能说成“* 红大苹果”。然而，形名式最小词内部的结构关系也属于定中关系，但不会遵守“定中短语中，当表示大小和表示颜色的定语同时出现的时候，表示大小的定语要放在表示颜色的定语的前面”这一规则。例如，“大衣”是一个形名式最小词，如果想受表示颜色的定语修饰，就只能说成“紫大衣”而不能说成“* 大紫衣”。这说明，形名式最小词已经词化了，因此不必遵循相应的短语规则，而且内部也不可能插入任何成分，只能整体作为一个词受其他词语修饰。

最小词的词化现象也可以从汉语合成复合词的构造过程中窥见一斑。所谓“合成复合词”（Synthetic Compound），我们在第二章中也有所涉及，一般是指含“动”的复合词，即复合词之中一般都有一个动词性成分（或出现或隐含），而复合词中的名词性成分与该动词性成分之间具有论元关系（比如，可以是动词支配的对象，通常在句法结构中充当动词的宾语；也可以是动词所表示的动作的发出者，通常在句法结构中充当动词的主语）。因此有学者（如顾阳、沈阳，2001）认为，汉语的合成复合词可以看作是通过论元结构中论元成分的位置变化构成的。以“汽车修理工”为例，其中“修理”是动词性成分，“汽车”和“工”是名词性成分，“汽车”是“修理”所支配的对象，称作“受事”，“工”是“修理”这一动作的发出者，称作“施事”。“汽车修理工”可以看作是由“工修理汽车”这一结构通过一系列的句法运作“变化”而来的。其构造过程如下所示：

（17）
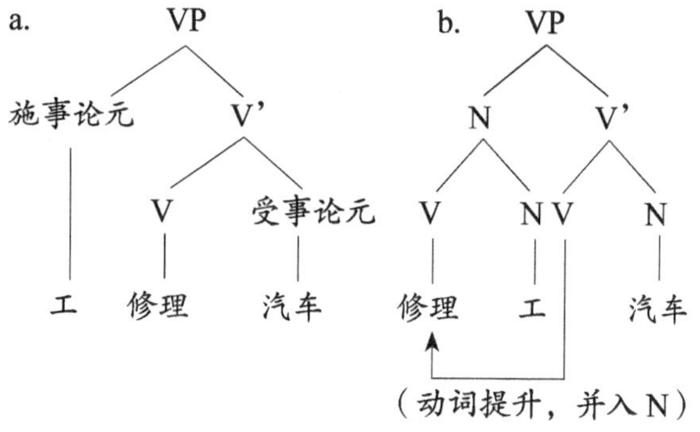

c.

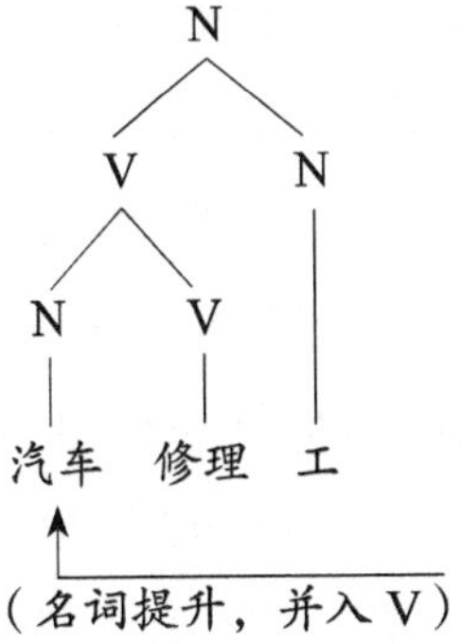

（17a）是在生成语法框架下表示的“工修理汽车”的结构，（17b）和（17c）演示的是“汽车修理工”的生成过程。可以把“工”看作像英语的“-or”或者“-er”等具有词缀性质的成分，整个复合词的性质是名词性的，那么，原本具有动词性的“修理”就要并入“工”而获得名词性，正如（17b）所示。又因为“如果动词或受事论元二者之一本来是双音节的，都要求受事论元移到动词前”，所以“汽车”提升并入“修理”，如（17c）所示。因而由“工修理汽车”的基本结构得到了“汽车修理工”这样一个合成复合词。当然，也有学者对这一分析方法持反对意见，比如石定栩（2003）、何元建（2004）等，认为不存在“基本结构派生说”，“工修理汽车”不一定是“汽车修理工”的基本结构，“汽车修理工”也不一定非得从基本结构派生而来，完全可以按照复合词自身的规则直接组合而成。我们在这里不想深究到底有没有基本结构，“基本结构派生说”到底可不可行，我们只是想通过合成复合词的构造过程来看最小词的词化问题。为此，我们需要注意的是（17c）中的结构，“汽车”为什么要移位到“修理”的前面？我们知道，在生成语法中，移位是要有动因的，不能无缘无故地想移就移。顾阳、沈阳（2001）对此的解释是，如果动词和受事论元有一个是双音节形式，那么就要求受事论元移到动词之前。也就是说，动词“修理”和它的受事论元“汽车”都是双音节形式，那么就要求“汽车”移到“修理”之前，从而得到“汽车修理”这一名词性成分。反过来说，如果动词和受事论元都是单音节形式，那么就不要求受事论元移到动词之前。是不是这样呢？“汽车修理工”可以说成“修车工”，而不能说成“* 车修工”。“修”是动词性成分，“车”是名词性成分，“车”是“修”所支配的对象，即受事论元，二者都是单音节形式，此时名词性成分就不需要跑到动词性成分的前面，只需继续停留在动词性成分的后面，如“修车工”是合法的，如果发生移位，结果反而是不合法的，如“* 车修工”。为什么当动词性成分和名词性成分都是单音节的时候，移位就不需要发生或者说不允许发生了呢？

我们在第二章谈怎样数音步的时候提到过“左起构词，右起造语”这一规则，根据这一规则，就可以解释为什么“汽车修理工”是一个合法的结构，而“* 修理汽车工”是一个不合法的结构。如（18）所示，“汽车修理”是构词模式，因此从左向右实现音步，“汽车修理工”更是一个合成复合词的模式，因此音步实现的方向也是从左向右的，音步实现的方向在各个阶段都是一致的，因此结构合法。而在（19）中，“修理汽车”是一个动宾短语，因此音步实现的方向是从右向左的，而“修理汽车工”如果想作为一个合成复合词存在，其音步的实现方向应该是从左向右的，这就在音步实现方向上产生了矛盾，最终导致结构不合法。但是，值得我们注意的是“* 车修工”和“修车工”的音步实现方向，如（20）和（21）所示。在（20）中，“车修”应该是一个构词的模式，因而音步实现的方向是从左向右的，而“* 车修工”要想作为一个复合词存在，音步实现的方向也应该是从左向右的，音步实现的方向在各个阶段都是一致的，按理说结构应该是合法的，可结果却不然。在（21）中，“修车”如果按动宾短语的模式来看待，其音步实现的方向是从右向左的，而“修车工”是一个复合词，作为词的模式，音步实现的方向自然是从左向右的，音步实现的方向在各个阶段是矛盾的，按理说最终得到的结构是不合法的，然而，谁也不能说“修车工”是一个不合法的汉语复合词。这是为什么呢？

（18）
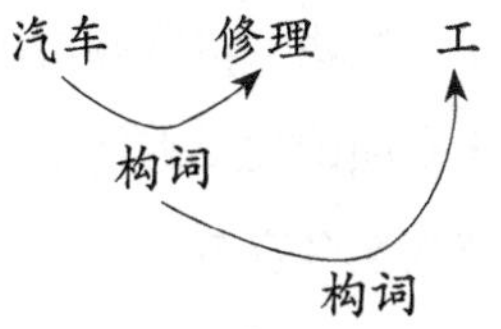

（19）*
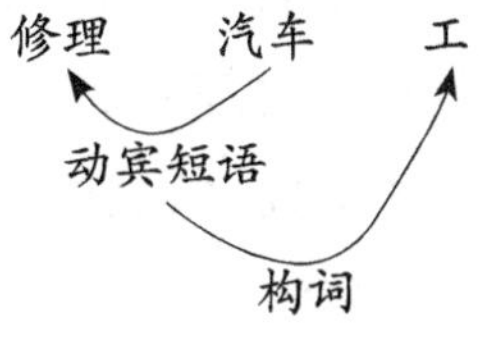

（20）*
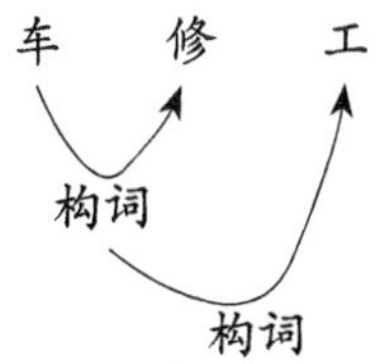

（21）
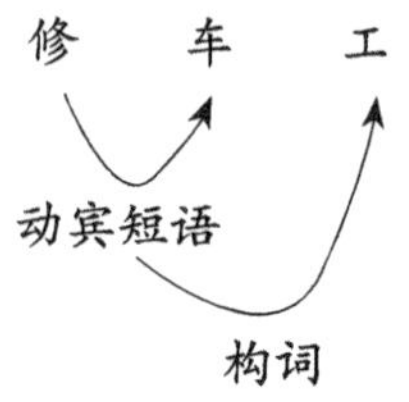

我们说，在“修车工”中，“修车”是一个最小词的形式，已经词化了，是作为一个整体“模块”与“工”进行构词的，因此不能再用短语的方式来分析。“修车工”音步实现的方向应该如（22）所示，“修车”作为一个词化了的最小词，音步实现的方向是从左向右的，“修车工”作为一个复合词，音步实现的方向也是从左向右的，音步实现的方向在各个阶段都是一致的，因此结构合法。类似的还有“造纸商”“测压计”“润肤霜”“拜金者”“验车程序”等。其中的“造纸”“测压”“润肤”“拜金”和“验车”都是动宾式最小词，作为一个“模块”整体参与构词，因此其中的动词性成分与名词性成分无须颠倒位置来使用。但是，当动词性成分和名词性成分是双音节甚至多音节的时候，就必须采用名词性成分在前、动词性成分在后的顺序，如“造纸商”要说成“纸品制造商”，“测压计”要说成“血压测量计”，“润肤霜”要说成“皮肤滋润霜”，“拜金者”要说成“金钱崇拜者”，“验车程序”要说成“机动车检验程序”，等等。

（22）
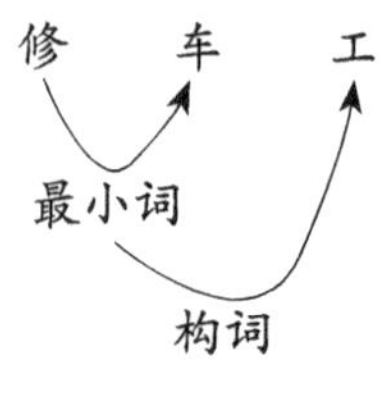

以上，我们介绍了最小词的效应。最小词与我们传统上所认识的词汇词不同，是从韵律层面谈及的，其“最小”的概念相对于传统词汇学中“最小”的概念要更加简单、明确，因此也为我们区分词和短语提供了新的视角。另外，最小词还可以促发句法移位，从而体现最小词的句法运作功能。例如，动宾式最小词与动补式最小词都可以携带宾语，而相应的非最小词形式则不可以。这是因为动宾式最小词与动补式最小词已形成一个整体，可以作为一个动词促发句法移位，从而为其后的宾语指派重音。这同时也涉及最小词的另一个效应——词化效应。除了动宾式最小词与动补式最小词之外，动介式最小词、助动式最小词、状动式最小词以及形名式最小词的句法表现也都涉及词化现象。例如，时体标记只能添加在动介式最小词的后面而非最小词之间；助动式最小词可以受程度副词的修饰，说明最小词整体已经发生了功能的转变；状动式最小词内部不能插入状语标记“地”，其中表示修饰作用的单音节成分不能随意移动而离开被修饰的单音节成分；形名式最小词不受定中短语中定语顺序的约束，表示颜色的修饰语只能放在表示大小的修饰语之前。这些现象都说明，最小词已经发生了词化，短语的规则不能再对最小词发挥作用。最小词的词化表现更为重要的一点是，最小词可以作为一个整体参与合成复合词的构造，而相应的非最小词形式则需要在动词性成分与名词性成分之间发生“逆序”变化。因此，当动词性成分和名词性成分至少是双音节形式的时候，我们有 [OOVVN] 式的合成复合词（如“汽车修理工”等，此处用“O”表示动词“V”的受事宾语，用 N 表示参与构词的另一个名词性成分，下同）；当动词性成分和名词性成分都是单音节形式的时候，我们有 [VON] 式的合成复合词（如“修车工”等）。

思考与练习

1. 分析下列结构是否合法，并说明原因。

（1）a. 摆那张桌子上两个花瓶

b. 摆两张桌子上四个花瓶

（2）a. 他念了三次书

b. 他念了书三次

（3）a. 宝宝睡在小床上

b. 宝宝睡觉在小床上

2. 分析下列结构是否合法，并说明理由。

军马饲养方法	饲养军马方法	养马法	马养法
纸张粉碎机	粉碎纸张机	碎纸机	纸碎机
毒品贩卖者	贩卖毒品者	贩毒者	毒贩者
机票销售点	销售机票点	售票点	票售点

3. 通过本章的学习，你是否对区分“词”和“短语”有了新的认识？谈谈你的看法。

5

第五章

结 语

第一节 全书要点提示

本书从概念、地位、类型、效应四个方面介绍了汉语的最小词。有以下几点需要特别注意：

第一，汉语的最小词不是凭空想象出来的，而是在语言中确实存在的，是韵律系统中规则推演的结果，是逻辑的必然。所有的音步都要从左边开始数起，每一个音节都要归属于一个音步，每一个音步都是一个起始音步：能够完美地契合这三条规则的结构形式就只有最小词。

第二，最小词是由一个双音节的标准音步实现的，标准韵律词也是由一个双音节的标准音步实现的，但二者之间不能画等号，也就是说，最小词并不等于标准韵律词。最小词是最和谐的韵律词，也是一类特殊的韵律词，它是"动态"的，即谈最小词不能离开具体的词法、句法等语言环境，否则是无所谓最小词的。

第三，最小词可以分别从节律和句法两方面进行分类。节律上，具体可以分为感叹式（如"天啊""哎哟"）、重叠式（如"呵呵""家家"）、延长式（如"嘴唇""窗户"）、凑补式（如"老鼠""阿姨"）四类；句法上，具体可以分为动宾式（如"夺冠""任教"）、动补式（如"喝干""铺平"）、动介式（如"走向""放在"）、助动式（如"可信""能产"）、状动式（如"白费""渐增"）、形名式（如"小豆""大米"）六类。上述分类并非穷尽性的，而仅是提供了分类的视角和方法，最小词的"定类"还有深入研究的空间。

第四，最小词的效应可以从最小词与词汇词的区别、最小词对句法移位的促发作用以及词化现象等方面来谈。比如，最小词的确立可以为词和短语的区分提供新的研究视角和思路；只有当动宾结构和动补结构是最小词形式的时候，句法移位才有可能发生；除了动宾式、动补式、动介式、助动式、状动式、形名式最小词涉及的词化问题以外，最小词也可以从汉语合成复合词的构造过程中窥见一斑。最小词可以作为一个整体参与合成复合词的构造，而相应的非最小词形式则需要在动词性成分与名词性成分之间发生“逆序”变化。也就是说，当动词性成分和名词性成分至少是双音节形式的时候，可以有[OOVVN]式的合成复合词（如“汽车修理工”）；而当动词性成分和名词性成分都是单音节形式的时候，则是 [VON] 式的合成复合词（如“修车工”）。但同样，随着研究的深入，最小词的效应也有继续挖掘的空间。

第二节 最小词在教学中的实践意义

在语法教学中，对于一些语言现象的解释可以从韵律语法学的角度引进“最小词”的概念来进行。相关的语言现象在书中已经提到很多了，这里也就不再一一赘述。想特别说明的是，最小词在对外汉语教学中也具有一定的实践意义。

如（1）所示的错误句子取自北京语言大学HSK动态作文语料库，这些句子都使用了“* 扔掉在”的错误搭配，其中（1b）～（1g）都是在作文“吸烟对个人健康和公众利益的影响”

中所犯的错误，这些错误来自不同的学生，但有意思的是，都来自日本学生，包括（1a）中的错误也来自日本学生的作文。

（1）a. * 一些食品，我打开盒子拿出点心，而且我把空的盒子扔掉在路上。

b. * 但是，不但喝醉的人，而且正常的人也是不用那个烟灰缸，他们觉得好像是当然的事，把自己的烟扔掉在地上。

c. * 她走路时，前面的中年男人边走边抽烟，然后他要把烟头扔掉在地上。

d. * 最近日本政府也对在公共场所或路上边走边抽烟的人、把烟扔掉在路上的人罚款。

e. * 这种行为一方面有可能用烟头伤害别人，一方面他们把吸完的香烟扔掉在路上，对街上的安全卫生非常不好。

f. * 人们都是把吸完的烟扔掉在地上。

g. * 而且每个吸烟者不一定准备烟灰缸，所以他们常常把吸完的烟扔掉在路上。

上述现象就可以用最小词来纠正与指导。第三章中提到过，“扔在”是一个动介式的最小词，后面可以携带处所宾语。也就是说，当有处所宾语出现的时候，前面一定要是一个最小词的形式。显然，“* 扔掉在”是一个非最小词形式，而且是一个不合法的非最小词形式，当然不能放在“地上 / 路上”等方位短语的前面。

在北京语言大学 HSK 动态作文语料库中还可以查找到如（2）

所示的错误句子，也可以用最小词来解释。（2a）中的“*搬家到”不合法是因为此处需要一个动介式的最小词来携带处所宾语，因此无论是“动”还是“介”都应该是一个单音节成分，此处把“搬家”改为“搬”就没有问题了，“搬到”可以作为一个最小词携带处所宾语。（2b）中的“*睁开大”不合法是因为此处需要一个动补式的最小词，无论是“动”还是“补”都应该是一个单音节成分，此处把“睁开”改为“睁”就没有问题了，“睁大”可以作为一个最小词携带宾语。（2c）中的“*最受到”是不合法的，原因也是因为这里需要一个最小词的形式，“最受歧视”和“受到歧视”都是可以说的，因为其中的“最受”和“受到”都是最小词，可以携带宾语。

（2）a. *我前几天搬家到学校外边了，跟中国人一起住。

b. *从那时候起我开始睁开大眼睛。

c. *一直到工业革命初期，在这两个社会里最受到歧视的“少数”就是女性。

以上仅是列举一些现象来说明最小词在母语教学及对外汉语教学中都具有非常重要的实践意义。当然，最小词的应用价值远远不限于此。不可否认的是，最小词对于某些语言现象具有一定的解释力，其研究价值有待于（也非常值得）进一步挖掘与探索。

思考与练习

1. 比较下列各组语句：哪个表达正确或表达效果更好？

（1）a. 这幅画，色彩浓郁，意境唯美。

b. 这幅画，色彩浓，意境美。

（2）a. 桂林山水甲天下，尤属尧山最为美丽。

b. 桂林山水甲天下，尤属尧山最为美。

（3）a. 走下网络，走出宿舍，走向操场。

b. 走下来网络，走出去宿舍，走去向操场。

（4）a. 法国遭袭杂志社主编曾受死亡威胁。

b. 法国遭袭击杂志社主编曾受死亡威胁。

2. 谈一谈你在生活中遇到的最小词现象。

参考文献

[1] 董秀芳 . 述补带宾句式中的韵律制约 [J]. 语言研究，1998（1）：55-62.

[2] 端木三 . 汉语的节奏 [J]. 当代语言学，2000（4）：203-209.

[3] 冯胜利 . 论上古汉语的重音转移与宾语后置 [J]. 语言研究，1994（1）：79-93.

[4] 冯胜利 . 论汉语的韵律词 [J]. 中国社会科学，1996（1）：161-176.

[5] 冯胜利 . 汉语的韵律、词法与句法 [M]. 北京：北京大学出版社，1997.

[6] 冯胜利 . 论汉语的"自然音步"[J]. 中国语文，1998（1）：40-47.

[7] 冯胜利 . 从韵律看汉语"词""语"分流之大界 [J]. 中国语文，2001a（1）：27-37.

[8] 冯胜利 . 论汉语"词"的多维性 [J]. 当代语言学，2001b（3）：161-174.

[9] 冯胜利.韵律构词与韵律句法之间的交互作用[J].中国语文,2002(6):515-524.

[10] 冯胜利 . 韵律制约的书面语与听说为主的教学法 [J]. 世界汉语教学，2003（1）：87-97.

[11] 冯胜利 . 动宾倒置与韵律构词法 [J]. 语言科学，2004（3）：12-20.

[12] 冯胜利 . 汉语书面用语初编 [M]. 北京：北京语言大学出版社，2006.

[13] 冯胜利 . 句法真的不受语音制约吗？ [J]. 汉语学习，2011（6）：13-23.

[14] 冯胜利 . 语体语法："形式—功能对应律"的语言探索 [J]. 当代修辞学，2012（6）：3-12.

[15] 顾阳，沈阳 . 汉语合成复合词的构造过程 [J]. 中国语文，2001（2）：122-133.

[16] 何元建 . 回环理论与汉语构词法 [J]. 当代语言学，2004（3）：223-235.

[17] 洪爽 . 回环型复合词结构探析 [J]. 武汉科技大学学报（社会科学版），2009（4）：106-108.

[18] 洪爽 . 单音副词及重叠形式修饰谓词性成分的韵律问题 [J]. 语言科学，2010（6）：607-616.

[19] 洪爽，石定栩 . 汉语合成复合词的组合结构 [J]. 华文教学与研究，2012（4）：76-80.

[20] 黄梅 . 现代汉语嵌偶单音词的句法分析及其理论意义 [D]. 北京：北京语言大学博士学位论文，2008.

[21] 黄梅，冯胜利 . 嵌偶单音词句法分布刍析——嵌偶单音词最常见于状语探因 [J]. 中国语文，2009（1）：32-44.

[22] 柯航 . 现代汉语单双音节搭配研究 [D]. 北京：中国社会科学院语言研究所博士学位论文，2007.

[23] 李泉 . 同义单双音节形容词对比研究 [J]. 世界汉语教学，2001（4）：20-31.

[24] 吕叔湘 . 现代汉语单双音节问题初探 [J]. 中国语文，1963（1）：10-22.

[25] 石定栩 . 汉语的定中关系动—名复合词 [J]. 中国语文，2003（6）：483-495.

[26] 王灿龙 . 句法组合中单双音节选择的认知解释 [A]. 中国语文杂志社编 . 语法研究和探索（第 11 辑）[C]. 北京：商务印书馆，2002：151-168.

[27] 王洪君 . 汉语的韵律词与韵律短语 [J]. 中国语文，2000（6）：525-536.

[28] 王洪君 . 汉语非线性音系学（增订版）[M]. 北京：北京大学出版社，2008.

[29] 吴为善 . 双音化、语法化和韵律词的再分析 [J]. 汉语学习，2003(2)：8-14.

[30] Downing, Laura J. *Canonical Forms in Prosodic Morphology* [M]. Oxford: Oxford University Press, 2006.

[31] Feng, Shengli. Prosodic Structure and Compound Word in Classical Chinese [A]. *New Approaches to Chinese Word Formation: Morphology, Phonology and the Lexicon in Modern and Ancient Chinese* [C]. Packard, Jerry (*ed.*). Berlin: Mouton de Gruyter, 1997: 197-260.

[32] Feng, Shengli. Prosodically Motivated Passive *Bei* Constructions in Classical Chinese [A]. *The Yearbook of the Linguistic Association of Finland* [C]. Timo Haukioja, Marja-Liisa Helasvuo & Matti Miestamo (*ed.*). Turku: Suomen Kielitieteellinen Yhdistys, 1998: 41-48.

[33] Feng, Shengli. Prosodically Constrained Postverbal PPs in Mandarin Chinese [J]. *Linguistics,* 2003(6): 1085-1122.

[34] Feng, Shengli. Minimal Word and Its Function in Mandarin Chinese [A]. *Studies of Chinese Linguistics: Functional Approaches* [C]. Jennet Xing (*ed.*). Hong Kong: Hong Kong University Press, 2009: 47-69.

[35] Feng, Shengli. Monosyllabicity and Disyllabicity in Chinese Prosodic Morphology. *Macao Journal of Linguistics,* 2009b (1): 4-19.

[36] He, Yuanjian. The Words-and-Rules Theory: Evidence from Chinese Morphology [J]. *Taiwan Journal of Linguistics,* 2004 (2, 2): 1-26.

[37] Huang, C. T. James. Phrase Structure, Lexical Integrity, and Chinese Compounds[J]. *Journal of the Chinese Language Teachers Association*, 1984 (19): 53-78.

[38] Larson, Richard. On the Double Object Construction [J]. *Linguistic Inquiry*, 1988(19): 335-391.

[39] Liberman, Mark & Alan Prince. On Stress and Linguistic Rhythm [J]. *Linguistic Inquiry*, 1977 (8): 249-336.

[40] Lieber, R. *Deconstructing Morphology: Word Formation in Syntactic Theory* [M]. Chicago: Univeristy of Chicago Press, 1992.

[41] McCarthy J. John. & Alan S. Prince. Prosodic Morphology [A]. *The Handbook of Morphology* [C]. Andrew Spencer & Arnold M. Zwicky (*eds.*). Oxford: Blackwell Publishers Ltd, 2001: 284-305.

[42] McCawley, James D. *The Syntactic Phenomena of English* [M]. Chicago: University of Chicago Press, 1998.

后　　记

2013年年底接到冯胜利教授的电话，先生当时正在首都机场，等待去往香港的航班。先生在电话中邀请我参加“汉语韵律语法丛书”的撰写工作，我当时的心情可谓“受宠若惊、感慨万千”，感谢先生对我的信任和提携，也感动于先生时时处处心系语言学研究。

与先生相识于2006年夏天的“当代语言学理论和汉语研究”国际学术报告会，之后我获国家留学基金委“联合培养博士生”项目资助，于2007年赴美国哈佛大学语言学系学习（这里要感谢黄正德教授在我访学过程中对我的指导和关怀），恰逢先生在东亚系执教，很荣幸能够修读先生开设的语言学课程，并经常向先生请教韵律语法学问题，进而成就了我的博士学位论文。

我的博士学位论文的题目是《现代汉语副动搭配的韵律研究》，其主要观点已发表在《语言科学》（2010年第6期）和《语言学研究》（2014年第15辑）上，其中涉及“状动式”最小词，但仅仅以此撰写这部小书还是很不全面的。这套丛书的定位是给韵律语法学的初学者看的普及性读物，非常有意义，我反复告诫自己要严肃以对，不负先生的信任。我开始全面搜集相关文献，但发现其实可供参考的文献非常少，大家都注意到了最小词的存在及其重要性，但系统的讨论并不多见。于是我频繁地发邮件“骚扰”先生，先生不厌其烦地给予我指导，并寄来重要参考文献。其间我也是几易提纲。

写作有重大突破的契机有两次。一次是 2014 年夏天与先生的面谈。当时先生上午在中央民族大学讲学，下午在北京语言大学授课，非常忙，时间也非常紧张。我厚着脸皮跟先生说想就书稿听取先生的意见，先生非常重视，让我先把书稿发给他，他看过后找我。很快，一个周六的上午，我的电话响了，是先生打来的，问我有没有时间，刚好有一个人临时取消了会面。我飞奔至先生在北语的宿舍。先生拿过书稿，一页一页地帮我分析、解释，并不时征求我的意见。我看着桌上厚厚的一沓 A4 纸，是重复使用的，一面是民大的讲稿，另一面印着我的书稿，书稿上布满密密麻麻的批注。我除了感动和惭愧，还是感动和惭愧。我自认为已经很努力很认真了，但是跟先生比呢？我想我会一直保留这份修改稿，不时拿出来看看，以激励自己不断前行。

另外一次写作的突破是 2014 年秋天先生在香港中文大学举办的"汉语韵律语法丛书"学术研讨会。与会的除了丛书的撰写者，还有海内外的专家学者以及北京语言大学出版社的领导和编辑。会上对我启发最大的是如何区分最小词和标准韵律词的问题。最小词是由一个双音节的标准音步来实现的韵律词，而标准韵律词也是由一个双音节的标准音步来实现的韵律词——"最和谐"与"标准"有什么区别呢？难道只是换个名称而已？答案当然是否定的。这个问题在之前的书稿中并没有阐释得很清楚。通过在这次会议上与专家、同人的讨论，再加上香港中文大学青山绿水给予我的灵感，我意识到了最小词的"动态观"。这不仅仅是本书写作的突破，更为我今后的研究提供了广阔的空间。

我要感谢的人还有很多。我要感谢我的博士导师沈阳教授，其实，对沈老师说“感谢”二字太浅白了，没有沈老师的培养，我走不到今天。我要感谢我的博士后导师石定栩教授，尤其要感谢他在我最低谷的时候伸手拉了我一把。我要感谢我的领导刁晏斌教授对我在学术和工作上的指导。最后，但也是最重要的，我要感谢我的父母和爱人，帮我分担家务，全力支持我的工作；感谢我的宝贝儿子，在妈妈说要工作的时候，乖乖地去跟姥姥玩儿，让我静下心来写作。在这里，我要把我人生的第一本书献给你们，并对你们说：我爱你们！你们就是我前进路上的巨大动力！

洪　爽

2015年2月